Het kind dat niet voor niets leefde

Colofon

ISBN 90-5974-032-7

Exemplaren zijn rechtstreeks te bestellen
via Internet: www.mijneigenboek.nl
Mijneigenboek.nl
Postbus 70080
9704 AB Groningen
phone +31 (0)50 365 7271
info@mijneigenboek.nl

Copies can be ordered only via Internet: www.mijneigenboek.nl

Het kind dat niet voor niets leefde

Niels Jannink

www.mijneigenboek.nl

Inhoudsopgave

Deel I

Inleiding

Ik zegen jou, Niels en daar ben ik erg blij mee, omdat ik mij nu weer bij iemand anders kan manifesteren.
Het zal steeds vaker voorkomen dat ik mij persoonlijk tot mensen ga richten.
Dat kan op allerlei manieren. Een van die manieren is via een boek.
Het boek dat jij gaat schrijven gaat over mij, God of de Bron van alles dat is en dat zal zijn, over Rienk de overleden zoon van Niels en Trudi, en over alles wat daaromheen ter sprake komt.
Het wordt een boek dat voor iedereen is bedoeld, dus ook voor degenen die denken, ik geloof toch nergens in, dus mij gaat het niet aan. Dit boek gaat iedereen aan!
Wat zijn de belangrijkste doelstellingen van dit boek?

Ten eerste wil ik laten zien wie ik ben en wat ik ben.
Ten tweede wil ik dat jullie mij gaan vertrouwen.
Ten derde wil ik laten zien wat een van de gewone mensen die een onopvallend leven heeft gehad, en daarmee bedoel ik Rienk, met dit leven heeft gedaan.
Hij heeft er iets van gemaakt!
Vervolgens is hij overleden aan een zeer ernstige ziekte en is hij verder gegaan.

Wat doet hij nu en wat is zijn bijdrage aan de mensheid?
Hij is erg ver gekomen met zijn ontwikkeling en inzicht.
Met al zijn inzet helpt hij nu vele mensen hier op aarde.

En dan hebben wij natuurlijk nog de schrijver van dit boek, Niels Jannink.
Aanvankelijk was hij iemand die dacht dat hij zijn leven geheel in de hand had.
Inmiddels is hij er achter gekomen dat het leven vele verrassingen inhoudt.
Die verrassingen zijn soms leuk maar kunnen ook vaak erg vervelend zijn.
Niels heeft zich altijd verzet tegen onrecht en grijsheid. Hij wilde iets tot stand brengen maar wist niet hoe. Hij begon aan veel dingen, maar kon die niet tot een goed einde brengen, omdat veel zaken niet te beheersen bleken te zijn.
Inmiddels heeft hij zijn inzicht sterk veranderd. Zijn leven kabbelt niet meer voort op het getij van goed en slecht, maar hij probeert nu duidelijke keuzes te maken.
Het maken van keuzes kan alleen als je de zaken zo goed mogelijk kunt overzien en dit kun je het beste door afstand te nemen.
Afstand nemen is moeilijk als je met iets bezig bent dat je helemaal opslokt.
Vandaar dat je moet leren hoe je vanuit een afstand naar iets kunt kijken.
Dit boek gaat jullie mensen uitleggen hoe je jouw denkproces hieraan kunt aanpassen.
Dan gaan we het hebben over het leven hier op aarde, en het leven na de dood.
De dood bestaat feitelijk niet. Het leven gaat namelijk verder.
'Jullie' mensen willen allemaal weten hoe een en ander in zijn werk gaat.
Wat is de dood en waarom ga je dood? Is de dood een straf?
Ik, God, de Bron van alles dat is en dat zal zijn, ga in dit boek met jullie praten en laat ook Rienk uitgebreid aan het woord.

De discussies tussen Rienk en mij zijn erg interessant, omdat er onderwerpen worden aangesneden op een manier waar jullie niet aan gewend zijn.

Hoofdstuk 1

Wie was Rienk Nicolaas Benjamin Jannink?

Hij werd geboren op 9 september 1982 in het Overvecht Ziekenhuis te Utrecht.
Een geboorte die erg snel is gegaan, want Rienk had erge haast.
Maar laat Rienk nu zijn eigen verhaal vertellen.

Ik, Rienk, werd dus op 9 september 1982 geboren. Het was op een woensdag dat Trudi mijn moeder weeën kreeg, en ik mij dus aankondigde.
Ik werd donderdag 's morgens om twintig minuten over drie 'eruit gehaald' of beter gezegd, ik liep er zelf uit. Ik begon meteen te schreeuwen.
Mijn ouders waren direct gelukkig met mij, mijn moeder vond dat ik er prachtig uit zag, maar dat er iets niet goed met mij was. Wat dat was, dat wisten wij nog niet.
Ik vond het heerlijk op aarde. Ik was gek op mijn ouders en op mijn zusje Stéphanie, die zes en een half jaar ouder was.
Het duurde even, voordat ik in de gaten kreeg dat er iets niet goed met mij was.
Bijna elke dag had ik vreselijke buikpijnen. Ik schreeuwde het uit van pijn.
Dat schreeuwen ging ruim vier maanden door. Ik kon niet anders, de pijn was ondraaglijk.
Mijn vader en moeder begrepen niet wat er met mij aan de hand was. Zij gingen met mij naar de dokter, maar die wist het ook niet. Die pijn was er niet altijd. Als ik geen pijn had vond ik het heerlijk in mijn slaapkamertje.

Ik wilde alles beleven, alles ontdekken. Ik had haast. Op een dag had ik weer zo'n ondraaglijke pijn dat ik mij een breuk heb gehuild.
Ik moest toen naar het ziekenhuis om mij aan die breuk te laten opereren.
In dit ziekenhuis, een kinderziekenhuis in Utrecht konden de artsen niet vaststellen wat er verder met mij precies aan de hand was. De breuk herstelde snel, maar de pijnaanvallen bleven. Hoewel ik er beter mee kon omgaan. Het huilen van mij werd minder.
Ik zag het leven als een grote uitdaging. Zoals eerder gezegd wilde ik alles uit het leven halen wat erin zat. Ik had steeds maar het gevoel dat ik niet veel tijd had.
Daarom was ik snel met alles. Ik speelde al heel vlug met autootjes. Ik was helemaal verslingerd aan auto's. Dat vond ik het mooiste dat de mens had uitgevonden. Ik kon er uren gefascineerd naar kijken. Ik wilde met mijn vingers het stuurtje voelen. Prachtig was dat.
Ik groeide maar bleef die pijnen houden. Het werden aanvallen die onaangekondigd opkwamen. Soms rolde ik over de grond van de pijn.
Op een dag zag mijn oudoom Wim, die op bezoek was mij op de grond liggen terwijl ik ineen kromp van de pijn. Oom Wim was arts. Hij zei tegen mijn ouders dat de oorzaak van de pijnen diende te worden onderzocht. Mijn moeder maakte weer een afspraak met de huisarts die mij doorverwees naar het kinderziekenhuis in Utrecht.
Aangekomen in het kinderziekenhuis kreeg ik weer een aanval. Echter de arts kon niet goed vaststellen wat de oorzaak was. Hij dacht dat het een versnelde darmwerking was, en schreef mij iets voor dat de darmen wat tot rust zou brengen. Dit medicijn gaf inderdaad verlichting.

Ik begon te kruipen. Eerst achteruit, wat mij razend maakte.
Ik wilde vooruit en wel zo snel mogelijk. Geduld had ik niet zoveel, vandaar dat ik mijzelf toen aardig in de weg zat.
Mijn ouders lachten om de manier waarop ik uiting aan mijn woede gaf, maar zij begrepen niet, dat ik zo'n haast had met alles. Toch hielpen zij mij, zodat ik vrij snel vooruit kon kruipen. Het was prachtig. Ik kwam nu tenminste aan de andere kant van de kamer. Ik kon nu beter met de autootjes over de grond rijden. Het leven werd steeds leuker. Ik ging met mijn ouders in de auto overal naar toe.
Rijden in de auto, dat was een feest.
Toen kwam er een dag dat ik mij erg slecht voelde. Ik wilde eten, maar kon het bijna niet. Mama was met mij bij de dokter geweest. Hij dacht dat de verbinding tussen maag en darmen niet goed functioneerde. Als ik helemaal niet meer kon eten, dan moest mama direct de dokter bellen. Op een zondag kreeg ik niets meer naar binnen. Mama wilde het nog even aanzien voordat zij de dokter zou gaan bellen. Papa was erg ongerust en wilde dat de dokter direct zou worden gebeld. De dokter zei, dat wij meteen naar het ziekenhuis moesten. Wij gingen weer naar het kinderziekenhuis in Utrecht.
Er werden röntgenfoto's van mij gemaakt. Ik moest in allerlei standen op de onderzoektafel liggen. Het was afschuwelijk.
De artsen konden eerst niet veel zien op de foto's. Zij dachten dat er met mij niets aan de hand was. Tenminste dat was hun eerste diagnose. Zij begrepen alleen niet waarom ik niets kon eten. Dus zochten zij verder. Nog meer foto's werden er gemaakt.
En toen zagen zij een groot donker gezwel zitten. Wat zou dat zijn? De zondag was al bijna om en er werd besloten de volgende dag verder te zoeken. Ik moest in het ziekenhuis blijven. Mijn ouders

gingen naar huis. Ik voelde mij ellendig. Die nacht zweefde ik tussen hemel en aarde. Ik wilde per se blijven leven!
Ik dacht steeds, ik ben niet geboren om alweer zo snel dood te gaan. Ik vocht als een leeuw om te blijven leven. De volgende dag werd ik verder onderzocht. Ook nu weer geen resultaat. Mijn ouders werden er wanhopig van. Uiteindelijk, na twee dagen zoeken, liet men een arts van een ander kinderziekenhuis naar mij kijken.
Hij kwam erachter dat ik een neuroblastoom had. Dit is kanker van het zenuwweefsel.
Het kankergezwel zat verkleefd aan een nier.
Ik was zeer ernstig ziek.
Per ziekenauto werd ik van Utrecht naar het kinderziekenhuis in Amsterdam gebracht.
Daar startten de artsen direct met de behandeling. Mijn ouders hadden hiertoe besloten na overleg met diverse familieleden, waaronder enkele artsen.
Ik was geweldig blij met dit besluit.
Ik voelde mij eerst erg, erg zwak. Ik dacht, dit overleef ik niet. Ik kon alleen nog maar liggen en wachten. De behandelend arts was een geweldige man. Nadat mijn ouders naar huis waren, kwam hij aan mijn bed zitten en praatte mij moed in.
Ik voelde dat het beter met mij ging.
Het genezingsproces nam wel veel tijd in beslag.
Ik had inmiddels kennis gemaakt met de spelleidster en met de schoonmaakster.
Beiden kwamen mij regelmatig opzoeken en wij hadden veel plezierige uren samen. Praten kon ik nog niet, dus ging het initiatief van de spelleidster of de schoonmaakster uit. De spelleidster liet mij met leuke dingen spelen De schoonmaakster kwam dagelijks de kamer netjes maken. Ik mocht altijd even op haar

schoot zitten. Lekker knuffelen. De schoonmaakster was ook zo'n lieve schat voor mij. Even op schoot of op de arm zitten mocht eigenlijk niet van de verpleging en de artsen. Soms deed zij samen met mij een spelletje. Omdat ik nog niet zoveel kon zeggen ging alles in gebarentaal.

Mijn ouders kwamen mij regelmatig opzoeken in het ziekenhuis. Mama kwam iedere ochtend. Papa kwam niet elke dag, maar toch zoveel mogelijk.
Ik vond het, hoe gek dat ook klinkt, leuk in het ziekenhuis. De verpleging en de artsen waren altijd heel aardig tegen mij. Ik ben altijd gek geweest op grapjes en gekke situaties. Dat maakte mij vrolijk. Ofschoon ik niet veel reden had tot lachen, omdat ik zo ziek was, had ik niet het gevoel dat ik ziek was.
Ik wilde per se beter worden en verder gaan met het ontdekken van het leven, want als er iets was wat mijn aandacht vroeg, dan was dat de toekomst. Ik wilde leven, leven en nog eens leven!
Papa en mama hebben mij erg ondersteund en toch...
Maar laten wij niet op de gebeurtenissen vooruit lopen.
Ik mocht op een zondag naar huis, of beter ik mocht een middagje naar huis. Wij reden naar ons huis in Maarssen, waar ik bijna een half jaar niet meer was geweest. Ik was bijna vergeten hoe mijn kamertje eruitzag.
's Middags sliep ik in mijn eigen bed. Een hele gewaarwording. En 's avonds moest ik weer terug zijn in het ziekenhuis. Ik vond dat helemaal niet erg. Ik was daar ook zo aan alles gewend.
Na de operatie die ik moest ondergaan, en nog een aantal nakuren, ben ik definitief naar huis gekomen. Tenminste, wat is definitief? Ik kon inmiddels redelijk goed lopen en het was gezellig thuis. Spelen kon ik nu weer met mijn eigen spullen, die voor mij na zoveel tijd, eigenlijk als nieuw leken.

Wij brachten als gezin veel tijd met elkaar door. Regelmatig moest ik terug naar het ziekenhuis voor controle.
Alles wees erop dat ik de ziekte had overwonnen. Ik kon alweer lekker in de zandbak spelen en alleen de steeds terugkerende controles deden mij aan de ziekte denken.
Die zomer, het was toen 1984, gingen wij met vakantie naar een huisje in het bos.
Prachtig was dat. Samen met Stéphanie sliep ik boven. Ik praatte 's avonds honderduit, en dat voor iemand die nog geen twee jaar was. Maar goed, ik had haast en leerde snel. Het was niet zulk mooi weer, en zelfs in juli deden mijn ouders de kachel in het huisje aan. Het leuke was, dat ik mij steeds beter ging voelen. Ik wilde dan ook liever lopen dan in de wandelwagen zitten.
Mijn ouders bleven bezorgd voor mij en dat betekende, dat ik niet alles mocht wat ik graag zou willen.
Na het huisje in het bos gingen wij naar de flat van oom Rienk in Vlissingen. Wij hadden daar wisselend weer. Op een dag dat het erg warm was, liep ik een keelontsteking op. Bovendien stootte ik mijn scheenbeen. Dat deed verschrikkelijke pijn, die plek op mijn been. Maar goed, hiermee gingen wij niet naar de dokter.
Mijn keel deed zo'n pijn dat ik moest huilen. Mijn ouders gingen hiermee met mij naar de dokter, een meneer die ik niet kende. Ik vroeg naar de dokter van het kinderziekenhuis, niet begrijpend dat die er niet was. Ik kreeg een vies drankje en voelde mij wat beter.
Het been bleef pijn doen, erg veel pijn.
Nadat wij weer thuis in Maarssen waren, gingen wij naar de behandelend arts van het kinderziekenhuis in Amsterdam en vertelden hem dat mijn been zo pijnlijk was.
De arts stelde voor een stukje botweefsel te laten wegnemen, zodat vastgesteld kon worden of de kanker weer teruggekomen

was. Ik zou daarvoor een paar dagen worden opgenomen in het ziekenhuis.
De ingreep was geweldig pijnlijk en bleef ook zo lang daarna nog pijn doen.
Wat bleek nu, de kankergezwellen waren weer teruggekomen. De behandelend arts was erg somber over de genezingsmogelijkheden. Hij stelde voor om contact op te nemen met het Anthony van Leeuwenhoek ziekenhuis voor een behandeling met een radioactief medicijn.
Eerst mocht ik gelukkig met mijn ouders naar huis, nadat ik mijn tweede verjaardag in het ziekenhuis had gevierd. Het was een fantastische verjaardag, ik voelde mij echt jarig. Ik heb erg veel cadeaus gekregen en iedereen van de familie die kon komen was er. Heerlijk!
Nog een paar dagen en dan zou ik naar huis gaan in afwachting van de behandeling in het Anthony van Leeuwenhoek ziekenhuis. Ik mocht namelijk de kamer van het kinderziekenhuis niet af, omdat mijn cellen te laag waren door een alvast begonnen behandeling met een chemo-kuur. Zodra die 'cellen' gestegen waren mocht ik naar huis.
Thuis had ik nog erg veel last van mijn been. Als iemand van de familie met zijn hand eroverheen wreef, dan werd die pijn een tijdje veel minder. Ik kwam daarachter, omdat papa dat steeds deed.
Ik wilde geen pijnstillers als het niet nodig was, omdat ik dan niet meer zo goed kon denken. Mama wilde mij er een geven en dan wilde ik dat niet. Zij begreep mij eerst niet, maar later gaf zij er nooit een als ik dat niet wilde.
Op een dag moesten wij weer naar het ziekenhuis, want er moest nog een onderzoek plaatsvinden. Ik wilde het graag, omdat ik hoopte dat ik beter zou worden.

Hoofdstuk 2

Het overlijden van Rienk

Dat ik graag beter wilde worden was voor mij zeer belangrijk. Ik had mij voorgenomen iets van het leven te maken. En ik vond dat ik daar voldoende tijd voor moest krijgen. Ik wist toen niet dat alles anders zou uitpakken.
In het ziekenhuis aangekomen ging ik meteen kijken of alles nog zo was als ik het had achtergelaten. Want ik vond het helemaal niet vervelend om in het ziekenhuis te zijn.
De mensen waren erg aardig voor mij en ik was er dan ook erg vrolijk. Soms kraaide ik het uit van plezier.
Ik begreep toen niet dat alle kinderen om mij heen erg ziek waren, en dat er regelmatig kinderen aan hun ziekte overleden. Dat ik zelf ook wel eens aan mijn ziekte dood zou kunnen gaan, daar dacht ik al helemaal niet aan. Het was voor mij de gewoonste zaak van de wereld dat ik beter zou worden. Als mijn ouders dit aan mij vroegen, dan zei ik, 'Rienk wordt beter'. Hoe erg ik eraan toe was wist ik niet.
Ik moest nog een onderzoek ondergaan, voordat ik in het Anthony van Leeuwenhoek ziekenhuis zou worden opgenomen. Ook moest ik wachten totdat het radioactief medicijn was aangekomen.
Toen dat was gearriveerd werd ik opgenomen in de loodkamer van het Anthony van Leeuwenhoek ziekenhuis. Ik vond dit helemaal niet leuk, omdat ik absoluut niet uit deze ruimte mocht in verband met de radioactiviteit die ik uitstraalde.
Na hier te zijn behandeld ging ik terug naar het kinderziekenhuis voor een chemokuur.

Deze keer was die kuur erg zwaar, ik voelde mij erg ziek en zwak. Nadat ik een beetje hersteld was van die kuur, mocht ik naar huis. Dat vond ik heerlijk. Jammer genoeg bleek na controle dat de kankergezwellen weer terugkwamen.
Ik kreeg nog een radioactieve behandeling en daarna nog een, maar aldoor groeiden de kwaadaardige cellen weer aan. Ik voelde mij steeds slechter. Mijn energie verminderde ook sterk.
Op een dag namen mijn ouders mij mee naar huis. Ik had overal pijn en wist dat ik er verschrikkelijk uit zag. Ik hoopte op een wonder, want ik wilde o zo graag blijven leven.
Toen op een nacht voelde ik mij afschuwelijk. Het was net of mijn geest uit mijn lichaam werd getrokken.
Ik wilde dat absoluut niet. Ik wilde op aarde blijven. Ik heb vreselijk gehuild. Mijn ouders begrepen niet goed wat er met mij aan de hand was. Ik wilde gaan slapen omdat ik zo vreselijk moe was, maar ik durfde het niet. Ik was zo uitgeput dat ik er niet meer tegenop kon. Van vechten word je moe, maar dat je zó moe zou kunnen worden, dat wist ik niet.
De volgende dag kon ik niets meer. Mijn ouders vroegen mij of ik iets wilde eten of drinken, maar ik was te uitgeput om te kunnen antwoorden.
Mijn vader dacht dat ik nu de crisis had doorstaan. Het tegendeel was waar. Ik was aan het eind van mijn Latijn. Ik werd er ook volkomen apathisch van.
Het kon mij allemaal niet meer schelen, als ik hier maar op de een of andere manier uit zou komen. Toen gebeurde er iets dat ik vreselijk vond, er kwam een persoon, die ik niet kende, naar mij toe. Hij zei dat ik mee moest gaan.
Het was een erg vriendelijke persoon, die er prachtig uitzag. Ik wilde mij verzetten, maar dat lukte niet meer. Ik liet los. Ik voelde dat ik naar boven werd getrokken.

Ik ben toen die persoon, die er zo prachtig uitzag, maar gevolgd. Wij kwamen terecht in een omgeving die fantastisch verlicht was. Het was er zo mooi. Er heerste een totale rust. Ik voelde mijn lichaam niet meer. Die persoon begon tegen mij te praten, hoewel het eigenlijk het overbrengen van gedachten was. Hij zei mij dat ik nu overleden was, en dat ik mijn leven dus had beëindigd op aarde.

Ik was vreselijk teleurgesteld, want ik had zo graag op aarde verder willen leven.

Ik had zoveel plannen. Bovendien ik had zulke lieve ouders en zusje en grootouders en niet te vergeten de mensen in het ziekenhuis. Ik vroeg of ik snel weer terug zou mogen in een ander gezond lichaam.

Kan ik dan niet opnieuw geboren worden bij dezelfde ouders, zodat ik kan doen wat ik mij heb voorgenomen? Maar het antwoord was, dat mijn bijdrage aan de mensen op aarde op een ander vlak zou liggen. Ik hoefde niet meer terug naar de aarde. Als ik naar God zou luisteren, dan zou ik weten dat ik voorlopig niet meer terug zou hoeven.

Je kunt hier meer voor de mensen doen dan op aarde. De aarde gaat een steeds snellere ontwikkeling doormaken en daarbij kun jij ons helpen.

Wat moet ik dan doen, was de vraag die direct bij mij opkwam.

Jij zult je gaan bekommeren om de mensen die contact met je zoeken. Jij zult die mensen geruststellen en jij zult je gaan inspannen om die mensen op alle mogelijke manieren te helpen. De ontwikkeling, die de aarde gaat doormaken, is niet terug te draaien.

Dit ligt besloten in het lot van de aarde, en de tijd is nu gekomen dat die ontwikkeling zich versneld gaat inzetten. Op aarde zijn mensen die zich hebben voorgenomen de aarde vooruit te helpen. Deze mensen hebben steun nodig en dat mag jij doen Rienk.

Ik weet dat je dat kunt en wilt. De mensen die je gaat helpen ken je al. Alle mensen die jou hebben proberen te genezen, ga je helpen. Jij zult daar veel plezier aan beleven, maar makkelijk zal het niet zijn.

Ik zal je daarbij helpen, en als je vragen hebt kun jij je direct tot mij wenden. Die vragen zullen van velerlei aard zijn. Schroom niet mijn hulp in te roepen, want ik ben er altijd op elk moment.

Hoofdstuk 3

Wat is het verschijnsel dat God wordt genoemd?

Ik, God, de Bron van alles dat is en dat zal zijn, druk dat hier zo afstandelijk uit, omdat er veel mensen zijn die niets meer van mij moeten hebben.
Veelal wordt er geredeneerd dat een God, als die bestaat, al deze toestanden hier op aarde nooit zou toelaten.

Ik, de Bron van alles dat is en dat zal zijn, zou wel eens willen weten hoe ik zonder problemen te veroorzaken dan had moeten ingrijpen. Want als ik had ingegrepen, zou ik een keuze moeten maken voor een partij. Dat wil ik niet en dat kan ik niet.
Het is de bedoeling dat de mensheid zichzelf ontwikkelt en dat is duidelijk de wil van mij, God.

Hoe kan ik bewijzen dat ik in een of andere vorm besta. Onder 'vorm' moet je niet denken aan een veredeld mens van vlees en bloed.
Ik heb de mens naar mijn gelijkenis geschapen, maar dat zegt niets over mijn uiterlijke verschijning.
God, de Bron van alles dat is en dat zal zijn, kun je het beste beschouwen als een overal aanwezige kracht. Met overal bedoel ik dan ook letterlijk in alles.
Ik bevind mij net zo goed in een stuk steen als in een mens of dier. Alles ben ik. God is in alles. God is de bron van alles en is het einde van alles. Want alles dat begint bij God eindigt ook weer bij God.

De mens is opgebouwd uit een lichaam van vlees en bloed, een geest en een ziel.
De mens denkt met zijn geest en voelt met zijn ziel. De ziel van de mens is onvergankelijk. Na de dood van de mens blijft de ziel voortbestaan. De ziel gaat zich dan weer manifesteren als eenheid van het grotere geheel. Dit laatste is voor jullie als mens moeilijk te begrijpen.
Laat mij je dit uitleggen.
Als een mens overlijdt dan gaat de ziel uit het lichaam. Het lichaam houdt op te functioneren en blijft als stoffelijk overschot achter. De ziel verlaat het lichaam en gaat terug naar het grotere geheel, waar die ziel toe behoort en waarvan die ziel afkomstig is.
Het weer thuiskomen van die ziel is een heerlijke gewaarwording.
Mensen zijn doorgaans bang voor de dood. Eigenlijk zou die angst helemaal niet nodig hoeven te zijn, want doodgaan is alleen maar loslaten van het lichaam.

Mensen spreken vaak over de dood of dat het einde van alles is.
Je hoort vaak zeggen, 'ik leef maar één keer en daarom wil ik uit het leven halen wat erin zit'. Natuurlijk is dat een goed voornemen, maar het leven gaat ook verder na de dood.
De ziel neemt zijn oorspronkelijke vorm weer aan en gaat verder met zijn ontwikkeling.
Overigens is het van belang te weten dat de ziel altijd bestaan heeft. Wij hebben het steeds gehad over de menselijke ziel, maar alles heeft een ziel.
Voor 'ziel' zou je kunnen invullen 'bron'. Hoewel dit laatste niet helemaal de term is die de lading dekt. Ziel betekent een allesomvattende bron, die een eenheid vormt.
Hier op aarde is de ziel in allerlei onderdelen verdeeld. De mensen vormen een aparte wereld. De dieren vormen een aparte wereld.

Zit er een verbinding tussen de verschillende werelden?
Is het mogelijk dat een mens een dier wordt of een dier een mens?
In de wereld of beter het universum zou alles mogelijk zijn, maar het heeft ook te maken met bestemming en bewustzijn, hoe die verschillende werelden zijn samengesteld. De mens vormt het hoogste bewustzijnsniveau en daarom is de wereld van de mensen apart van de dierenwereld.
Een ontwikkeling naar een hoger bewustzijnsniveau is voor dieren wel mogelijk, maar dat hoeft niet te leiden tot het worden van een menselijk wezen. De ordening der dingen is zodanig, dat de overgang van de ene naar de andere wereld er niet is. Het is ook niet nodig om bijvoorbeeld van een dierlijke expressie van de ziel te evolueren naar de menselijke expressie van de ziel. Uiteindelijk is alles een, wat weer betekent dat mensen, dieren en dingen een eenheid vormen.
Dit alles is voor de mens niet zo eenvoudig om zich voor te stellen. De mens ziet zichzelf als een individu, een afgescheiden iets van het geheel. Het hele menselijke functioneren is gericht op het apart zijn. Het is voor een mens ondenkbaar, dat hij een onderdeel van een heel systeem zou zijn, en toch is dat zo.
Als de mens zich bewuster wordt van zijn situatie gaat hij inzien, dat hij het beste kan functioneren als hij zichzelf ziet als een onderdeel van een geheel.

En hoe zit dat nu met Rienk? Hij mag zich van mij gaan bezighouden met de ondersteuning van de mensheid.
Hij zou, omdat hij is overleden, toch behoren tot een ziel die één geworden is met alles? Inderdaad is dit het geval, echter de ziel kan ook weer in onderdelen naar buiten treden. Rienk behoort tot het geheel van alles, maar kan ook zelf naar buiten treden.

Eigenlijk is dat juist het mooie van het systeem in het universum. Het bestaat uit onderdelen die tezamen een geheel vormen. Die onderdelen kunnen zich apart manifesteren.
De oorzaak van alles is de Bron en die Bron ben ik, en ik word God genoemd door de christenen, Allah door de mohammedanen en Jahweh door de joden en dan nog de vele andere namen die ik heb.
Het afgescheiden voelen van de mens, is helaas vaak oorzaak van de ellende hier op aarde. De mens wil vanuit zijn gevoel terug naar een eenheid, omdat dit gevoel opgesloten zit in zijn ziel. De waarneming van de mens is, dat hij apart staat van de ander. Hij heeft een eigen lichaam. Hij voelt zijn lichaam en beschikt over een eigen denkvermogen. Hij wil dus graag terug naar dat gelukzalige gevoel van eenheid.
Hij voelt dat dit bereikbaar voor hem is, maar weet niet hoe hij daaraan moet beginnen.
Dat eenheidsgevoel is zo sterk, dat het allesoverheersend is in de gedragingen die een mens uit.
Een mens wil ergens bij horen, hij wil graag iets samen doen met een ander. Hij wil zich aan de ene kant onderscheiden, omdat hij zich vrij wil kunnen uiten. Van de andere kant wil hij zich prettig voelen. Hij wil niet afgewezen worden door anderen.
Al deze gevoelens leiden tot conflicten in de mens zelf, die dan weer spanningen veroorzaken naar de medemens.
Hoe komen mensen nu uit dit soort situaties?
Ik ga proberen jullie als mens daarbij te helpen, door nogmaals, want dat is al vele, vele keren gebeurd, handvatten te geven. Rienk zal samen met mij gaan vertellen op welke manier wij jullie gaan ondersteunen om het leven voor jullie dragelijker te maken.
Het doel is dat jullie het leven op aarde gaan zien als een paradijselijk bestaan.

Alles wat jullie nodig hebben om dit te bereiken is reeds aanwezig of wordt jullie binnenkort aangereikt.
Conflicten zullen worden beëindigd als jullie gaan inzien, dat het leven zonder conflict mogelijk is, en zelfs dat jullie dan veel verder komen met jullie begrip en inzicht in alles.
Wij zullen ons inspannen om jullie de instrumenten te geven voor een gelukkiger leven.

Het gaat steeds meer lijken op een situatie, waarin de mens geen invloed meer heeft op de gebeurtenissen.
Ik spreek over de komende tijd. Het zal een periode worden waarin de mens denkt, dat er een God is die alleen maar negatieve dingen wil. Vergeten wordt, dat het niet de wil van mij is, maar dat het te maken heeft met de ontwikkeling van de mensheid zelf.
De mensheid wil verder naar een groter inzicht. De mensheid wil begrijpen en de mensheid wil beheersen.
Wat wil de mensheid beheersen?
In de eerste plaats is het de bedoeling dat de mens gaat leren dat er niets kan veranderen zonder dat hijzelf het initiatief neemt. Niets gaat vanzelf. Er is altijd inzet voor nodig om iets te veranderen.
En hoe begin je dan precies?
Het eerste dat van belang is, is dat de mens gaat begrijpen dat alles wat er in zijn leven gebeurt, hij daarvan zelf de oorzaak is. De bekende uitdrukking, alles wat gij zaait zult gij oogsten, gaat absoluut op. Het is daarom van het grootste belang dat de mens zich gaat realiseren dat hijzelf de oorzaak is van letterlijk alle gebeurtenissen.
Dat betekent, bewust gaan leven!
En hoe ga je nu bewust leven?

Hoofdstuk 4

De meerderheid van de mensen hier op aarde leeft van het ene moment in het andere

De mensen vragen zichzelf niet af wat voor gevolgen een bepaald gedrag van dit moment op de naaste toekomst zal hebben.
Een voorbeeld:
Een persoon gaat wandelen en komt iemand tegen. Die andere persoon loopt langs en hij merkt die ander nauwelijks op, want als je buiten wandelt kom je zoveel mensen tegen.
Deze persoon, laten wij hem voor het gemak Jan noemen geniet van het mooie weer en van de mooie omgeving. De andere mensen die Jan tegenkomt, merkt hij niet op.
Uiteindelijk heeft Jan ook niets met die andere personen te maken.
Jan wil rust en ontspanning.
Als Jan thuiskomt ploft hij in een stoel. Hij is moe van het wandelen en wil graag even uitrusten. Hij valt in slaap in zijn stoel. En hij droomt een heerlijke droom over een wandeling buiten, waar hij allerlei aardige mensen tegenkomt, die hem vriendelijk begroeten en die even bij hem stilstaan om te vragen hoe het met hem gaat, en of hij iets nodig heeft. En ja, Jan heeft grote behoefte aan een beetje aandacht van zijn omgeving. Hij woont alleen en het is zo langzamerhand steeds moeilijker voor Jan geworden om contacten te leggen.
Niet dat Jan geen contacten wil, maar het lijkt erop dat het moeilijker is die ander te benaderen. Iedereen heeft het ook zo druk en iedereen heeft haast. En Jan voelt, dat mensen die haastig voorbij lopen, niet gestoord willen worden.

In de droom van Jan, had Jan juist contact met de mensen die hij ontmoette op zijn wandeling door het prachtige park. Iedereen had even tijd voor hem.
Jan wordt met een schok wakker. Hij realiseert zich dat hij heeft gedroomd, want datgene wat hij zich van de droom herinnert, bestaat niet. En het zal ook nooit gebeuren, dat de mensen zo vriendelijk worden.
Het kan eenvoudigweg niet!
Jan gaat weer terug naar de gebeurtenissen van alle dag. Hij woont al een paar jaar alleen. Eigenlijk was hij een zeer gelukkig mens, onze Jan. Hij had een erg goed en gelukkig huwelijk met een schat van een vrouw. Ook waren er twee kinderen die het leven veel fleur gaven.
Op een dag werd de vrouw van Jan ziek. Er openbaarde zich een zeer ernstige ziekte bij haar. Helaas na enkele maanden overleed de vrouw van Jan.
Met de kinderen kan Jan het nog altijd erg goed vinden. Echter die kinderen, die reeds volwassen en gehuwd zijn en ook weer kinderen hebben, wonen op grote afstand van Jan. Hij zou graag willen dat hij zijn kinderen, een jongen en een meisje, beiden in de dertig, vaker zag. Maar zij werken hard en om een beetje goed te kunnen leven moeten respectievelijk de vrouw en man ook werken.
Jan is al een paar jaar met pensioen. Hij heeft een prachtig huis in een heel erg mooie omgeving. Hij is nog goed van lijf en leden en hij wil graag in dat huis blijven wonen.
Met de buren heeft hij een redelijk contact. Alleen de tuinen van de huizen zijn groot, daarom ziet hij niet veel van die buren.
Vrienden en kennissen heeft Jan genoeg, tenminste, dat dacht hij. Maar sinds zijn vrouw is overleden, is hij het die ze opbelt. Nog geen van hen heeft uit zichzelf naar hem gebeld en dat

vindt Jan erg vervelend, sterker nog, hij wordt daar een beetje verdrietig van.
Steeds als hij contact met hen zoekt is er dat excuus van, oh ja, wij moeten eens contact met elkaar hebben, maar vandaag kunnen wij niet. Wij zullen gauw eens bellen. En dan van, oh Jan, hoe gaat het eigenlijk met je?
Jan wil net gaan vertellen dat het met hem wel redelijk gaat, maar dat hij het vervelend vindt om alleen te zijn. Tot nog toe wordt er altijd tijdens zo'n telefoongesprek op de achtergrond geroepen dat de vriend of kennis moet komen, omdat hij weg moet. 'Tot gauw en tot bels' en verbroken is het contact weer.
Jan wordt er moedeloos van. Hoe kan dat nu toch, toen mijn vrouw nog leefde had ik zulke goede vrienden en kennissen aan deze mensen, maar nu heb ik het gevoel, dat zij mij niet meer willen.
Wat zou daarvan de oorzaak zijn?
Tot zover dit voorbeeld.

Nu ga ik daar eens wat dieper op in.
Welke gebeurtenissen in het leven van Jan kunnen dit probleem veroorzaakt hebben?
Ligt de oorzaak alleen bij de vrienden en kennissen?
Jan denkt van wel. Hij kan zich niet voorstellen dat hijzelf misschien wel eens de oorzaak van dit probleem kan zijn. Hij was toch altijd aardig tegen iedereen. Nou ja, aardig, zo nu en dan kon Jan apart uit de hoek komen. Maar ach, een beetje humor op zijn tijd, moet kunnen. De wereld is toch een grote chaos. Dat mag je toch zo nu en dan wel aan de kaak stellen? Maar die vrienden en kennissen snappen er niets van dat de wereld een chaos is. Jan daarentegen, voelt zich geroepen daar zo nu en dan tegenover hen een opmerking over te maken. Degene die het

hardst lachte was altijd Jan. Hij zag niet in, dat die opmerkingen vaak erg kwetsend waren en dat, hoe algemeen gesteld soms, ze hun doel niet misten. Met andere woorden, Jan kon ongewild zijn vrienden en kennissen met zijn 'humoristische' opmerkingen flink kwetsen.

Maar ach, Jan heeft ook veel goede eigenschappen, die vooral door zijn lieve vrouw werden benadrukt. Op deze manier voorkwam de vrouw van Jan, dat hij in de problemen kwam door zijn bijtende humor.

Jan had tijdens zijn huwelijk niet in de gaten, dat zijn vrienden en kennissen alleen maar aardig tegen hem waren, omdat zijn vrouw zo lief was om al het negatieve van Jan om te buigen naar iets positiefs.

Jammer dat Jan nu in deze, voor hem, uitzichtloze situatie terecht is gekomen.

Hij pijnigt zijn hoofd over de oorzaak, maar denkt steeds dat het probleem bij de ander ligt. Als die anderen nu maar eens zouden doen wat zij aldoor beloven, dan komt alles weer goed. Nu ja, hij heeft zijn vrouw daarmee niet terug, maar hij heeft dan tenminste weer contacten en hij kan verder gaan met zijn leven.

Toch ligt de oplossing niet bij de vrienden en kennissen van Jan. De oplossing ligt bij Jan zelf. Jan is de enige die dit probleem zelf kan oplossen. Die oplossing ligt ook niet alleen maar in één richting. Zo in de trant van Jan moet naar zijn vrienden en kennissen gaan en hen excuses vragen voor de manier waarop hij ze heeft gekwetst.

Die vrienden en kennissen zouden niet weten wat hen overkwam als Jan hen opeens verontschuldigingen kwam aanbieden. Zij zouden zich niet goed meer kunnen herinneren wat er allemaal is voorgevallen, want ook zij zijn zich niet bewust van de gebeurtenissen.

Het beste wat Jan kan doen is, zich beginnen te realiseren, wat hij hier op aarde doet. Met andere woorden, hij zou zich bewust moeten worden in welke omstandigheden hij nu leeft en hoe hij daarin terecht is gekomen.

De belangrijkste drie vragen die Jan aan zichzelf dient te stellen zijn:
In welke situatie bevind ik mij?
Wat wil ik dat er gaat gebeuren?
Hoe bereik ik mijn doel?

Het zich realiseren van de situatie waarin Jan zit is niets anders dan je bewust te worden van jezelf en van de dingen om je heen. Dat lijkt op het eerste gezicht eenvoudig en dat is het eigenlijk ook.
Toch is het aardig eens bij jezelf na te gaan, wat je spontaan van de omgeving waarin je je op dit moment bevindt, kunt herinneren. Hoe ziet de omgeving eruit?
Wat zijn de belangrijkste kleuren? Is het er licht, donker, zijn er veel mensen, ken je die mensen, zo ja, wie zijn dit dan?
Ik spreek hier expres niet over waarnemen, maar juist over herinneren, want als je iets gaat beseffen, speelt herinneren een rol. Het is meer een vergelijking van wat je ziet en wat je je op dit moment herinnert. Wat je je herinnert wordt weer gecontroleerd door jouw waarneming op dit moment.
Kun je dit goed, dan is dit de eerste stap naar het bewustwordingsproces.
Als je je bewust wordt van jouw omgeving, ga je je vanzelf bezighouden met de gebeurtenis die je wilt dat er gaat plaatsvinden.
Het kan zijn dat je je niet zo erg bewust bent van wat je wilt dat er gebeurt.

Als er iets gebeurt waarvan jij denkt dat dit niet door jouw wil is gestuurd, dan hoeft dit nog niet te betekenen dat jouw wil daar dan ook niets mee te maken heeft.
Belangrijk wordt, dat je steeds beter gaat beseffen dat overal, in elke situatie waarin jij je bevindt jouw wil invloed heeft op de gebeurtenissen die daar op dit moment plaatsvinden. Als je iets namelijk niet wilt, dan gebeurt het niet. Ook passief zijn is een uiting van willen. Je hebt namelijk zelf gewild dat je een passieve houding aanneemt.
Velen zijn zich helemaal niet bewust van die passieve houding.
Nog vaker komt het voor dat je je helemaal niet bewust bent van de situatie.
Hierin zou je, wil je bewust gaan leven, verandering kunnen gaan aanbrengen.
Hoe bewuster je bent van het feit dat je altijd invloed uitoefent op een situatie in het hier en nu, betekent dat je gaat beseffen dat iets je niet overkomt.
Je kunt altijd aan een gebeurtenis iets veranderen, het is aan jou hoe je dit doet. Dit houdt in, hoe bereik ik iets wat ik wil of beter, hoe bereik ik mijn doel.

Moet ik altijd een doel in mijn leven hebben? Dit is eigenlijk de eerste vraag die je jezelf zou kunnen stellen.
Het hoeft niet, maar het is beter van wel.
Wil je bewust gaan leven, dan is een doel zelfs noodzakelijk.
Echter de keuze van een doel in je leven is veel minder hoogdravend dan de meeste mensen denken.
Hier op aarde hebben mensen die een doel in hun leven hebben vaak gekozen voor een verheven doel.
Bijvoorbeeld: Ik wil de wereld verbeteren en ik wil dat als ik dood ben de mensen nog aan mij denken.

Echter een bewustwordingsproces is eerder gebaat bij een doel dat veel minder hoog is gegrepen. Het zou kunnen, dat er wordt gekozen voor alleen maar bewust te leven. Dus bewust waarnemen wat er om je heen gebeurt, en je bewust worden welke invloed jezelf op die gebeurtenissen hebt. Als er dan na dit bewustwordingsproces vanzelf als doel naar boven komt dat je eerlijk tegenover jezelf en anderen wilt zijn, is dat een logisch gevolg.

Als de mens bewuster gaat leven, gaat hij inzien hoe hij zijn eigen leven beïnvloedt, en hij leert in te schatten welke invloed hij heeft op zijn medemens.

Hij gaat dan als het ware inzien hoe hij zijn eigen leven bepaalt.

Hoofdstuk 5

Het leven hier op aarde is feitelijk veel aantrekkelijker dan de mensen denken

Op een zeer kleine groep mensen na wordt hier op aarde door de meesten enorm geleden. En de religies prediken dat het menselijk lijden noodzakelijk is om de mensen verder te helpen.
Dit is helemaal niet waar!
Ik ben de eerste die zou willen dat de mens gaat inzien dat lijden hier op aarde niet nodig is. Dat het desondanks toch gebeurt, ligt aan een aantal factoren, die ik nader zal bespreken.
De mensen denken nog steeds dat zij niet vrij zijn in hun keuzes. Als er iemand vrij is in het maken van keuzes dan zijn jullie dat: als mens! Ik heb jullie de vrijheid van keuze geschonken en dat kan ik en wil ik jullie niet afnemen. Jullie denken nog steeds dat ik jullie wil beperken in jullie keuzes. Dat ik er strenge regels op nahoud en als jullie daaraan niet voldoen, ik jullie ga straffen. Die straffen eindigen dan in de hel.
De hel is een uitvinding van jullie, want die bestaat niet. Ik kan jullie niet vaak genoeg zeggen dat een hel niet bestaat.
Er bestaat ook eigenlijk geen hemel, zoals de mens zich dat voorstelt.
Jullie denken als jullie in de hemel komen, jullie dan niets meer hoeven te doen.
Dan komt het geluk naar jullie toe en het enige wat jullie dan hoeven te doen is, dat geluk over jullie heen te laten komen.
Jullie zijn vergeten dat het idee dat jullie van de hemel hebben, hier op aarde ook kunnen scheppen. Niets staat die mogelijkheden in de weg.

Het enige dat jullie dan zouden moeten leren is, dat ieder mens de ruimte moet hebben om zich te ontplooien. Ieder mens krijgt namelijk een aantal talenten mee en het is de bedoeling dat hij die gaat gebruiken.
Wat doen jullie nu hier op aarde? Jullie proberen alles tot in de puntjes te regelen.
Hele economische systemen zijn uitgedacht, de wetgeving wordt steeds fijnmaziger. Hoe willen jullie je op deze manier vrij kunnen ontplooien?
Ieder mens wil het gevoel hebben dat hij vrij is. Dat hij zijn eigen keuzes kan maken en dat hij kan gaan en staan waar hij wil.
Uiteindelijk is de aarde van iedereen en niet alleen van de landen die zeggen; dit territorium is van ons en vreemden worden hier niet toegelaten.
Zodra de grenzen tussen de landen opgeheven zouden worden en iedereen daarheen zou gaan waar hij zou willen, ontstaat er in het begin een verplaatsing van mensen.
Echter zodra jullie weten, dat je ook in het gebied waar je je bevindt een goed leven kunt opbouwen, zal de verplaatsingsbehoefte als sneeuw voor de zon verdwijnen.
Het is mijn bedoeling dat iedereen gelukkig kan worden in het gebied waar hij of zij geboren is. Het is niet mijn bedoeling geweest de aarde op te delen in landen, waardoor er grote verschillen in ontwikkeling zijn ontstaan.
Zodra de mensheid gaat streven naar evenwicht in vrijheid, in welvaart, in eigenlijk alles dat met welzijn heeft te maken, zal alles en iedereen gaan veranderen.
Deze verandering wordt door ieder individu op aarde gewenst. En daarom is nu de tijd gekomen dat die verandering zich gaat inzetten.

De eerste tekenen zijn er al, want de aarde heeft te maken met een algehele klimaatsverandering, waardoor de economische stabiliteit ernstig wordt beïnvloed.
Daarnaast heeft de aarde te maken met haar eigen indeling. Het kan zijn dat het aangezicht van de aarde hier en daar ingrijpend gaat veranderen. Natuurlijke landsgrenzen verdwijnen dan in een oogwenk, en de mens zal worden geconfronteerd met grote veranderingen. Hoe groot die veranderingen zullen zijn hangt af van de bereidheid van de mens tot verandering.
Het is namelijk zo, dat alles met elkaar verbonden is. De mens is niet alleen afhankelijk van de aarde, maar de aarde is ook afhankelijk van de mens en het hele verdere ecosysteem.
Veranderingen door de mens aangebracht kunnen weer teruggedraaid worden.
Het probleem is, dat de mens een aantal aspecten die met het welzijn van de aarde samenhangen, nog niet kan overzien. Het overzicht dat de mens heeft is beperkt, maar dat zal in de naaste toekomst gaan vergroten. Hoe meer de mens kan overzien,des te meer is hij in staat zijn eigen lot te bepalen en hoe minder hij slachtoffer is of wordt van de gebeurtenissen.

Alle mensen zijn mij even lief, niemand uitgezonderd.

Jullie willen allen door mij uitverkoren worden, omdat jullie denken dat je dan een voorkeursbehandeling van mij krijgt. Niemand verschilt van de ander als het om de liefde gaat, die ik voor hem of haar koester. Jullie zijn mij allen even lief. Of ik nu te maken heb met de paus of met een crimineel, ik maak daarin geen verschil.
Dat neemt niet weg, dat het je vrij staat anderen te gaan doden, omdat ik daar geen straf op zet. Ik wens dat jullie gaan inzien dat het doden van de ander niet wenselijk is en tot niets leidt.

Jullie denken als ik iemand dood maak, dan is hij er niet meer en dan heb ik daar geen last meer van. Niets is minder waar. Degene die wordt gedood gaat gewoon verder met zijn leven, alleen kunnen jullie die ander niet meer waarnemen. De ander zal zich in het gunstigste geval losmaken van het aardse leven en verder gaan met zijn ontwikkeling.

Kan die persoon zich niet los maken van de aarde, dan zou dat kunnen betekenen dat hij vlakbij de aarde blijft. De mensen op aarde zien die persoon dan niet. Maar omdat die persoon de aarde niet kan loslaten, probeert hij wel de mensen te beïnvloeden.

Deze invloed kan wel eens in het verlengde liggen van het op aarde geleide leven.

Gesteld jullie doden een misdadiger. Deze misdadiger blijft om de aarde zweven en probeert de mensen die hij tegenkomt met zijn gedachten te beïnvloeden. Omdat die gedachten niet erg verheven zijn, kan dat betekenen, dat de mens die door die misdadiger wordt beïnvloed, negatief wordt ingesteld.

Van deze gevaren is de mensheid zich helemaal niet bewust.

Hoe komt dit?

Een belangrijke oorzaak hiervan is, dat de mens zich helemaal niet bewust is welke invloed gedachten hebben op het functioneren van de mensheid in het algemeen.

Negatieve gedachten beïnvloeden de mens ook als zodanig. Positieve gedachten zijn van een zodanige samenstelling, dat zij negatieve gedachten kunnen overwinnen.

Het is ook van belang dat de mensen zich gaan realiseren dat positieve gedachten veel belangrijker zijn dan negatieve gedachten, en dat van positieve gedachten verheven invloeden uitgaan, die het welzijn van de mensen ten goede komen.

Mensen hebben door de eeuwen heen altijd het idee gehad dat het aardse bestaan eenmalig is.
Als er iets niet waar is, dan is dit het wel.
De mens heeft op aarde vele keren geleefd en deze levenscycli gaan nog steeds door.
De bedoeling van het steeds maar weer op aarde leven is, dat jullie je inzicht dienen te vergroten door middel van ervaring.
Ervaring geeft inzicht, omdat iets wat je hebt doorleefd gemakkelijk door je ingevoeld kan worden.

Hoofdstuk 6

Alle gebeurtenissen hier op aarde dienen de mensheid bij het verkrijgen van inzicht

Hoe groter het inzicht hoe beter je kunt functioneren hier op aarde en in de voor jullie onzichtbare wereld. Inzicht verwerf je door vallen en opstaan en niet door bijvoorbeeld een boek te lezen. Inzicht is het resultaat van ervaring. Hoe meer je ervaart hoe meer inzicht je zult krijgen.
Buiten jullie waarneming zijn zeer veel entiteiten bezig jullie te helpen inzicht te krijgen.
Een entiteit is een persoon die door de meesten van jullie niet gezien kan worden, en die mensen bijstaat met het verkrijgen van inzicht. In de voor jullie onzichtbare wereld zijn dus talloze entiteiten in de weer jullie te helpen bij het verkrijgen van inzicht. Deze entiteiten zijn personen, die uiteraard ook op aarde hebben geleefd en die zoveel inzicht hebben, dat zij weten wat goed voor de mens is.

Een van die entiteiten is de op 18 mei 1985 overleden Rienk Nicolaas Benjamin Jannink. Inmiddels is Rienk alweer ruim 16 jaar overleden. Hij heeft maar twee jaar en acht maanden op aarde geleefd. Deze periode was voor hem voldoende om inzicht te krijgen in het leven op aarde, wanneer je ernstig moet lijden.
Rienk heeft vele levens op aarde gehad en is nu zover dat hij alle ervaring die nodig is om de mensheid bij te staan, heeft doorleefd. Als entiteit staat hij in directe verbinding met mij, de Bron van alles wat je om je heen ziet en wat je nog niet ziet.

Rienk wil zich heel graag zich ten dienste stellen van de mensheid. Hij wil graag proberen mee te werken aan het geven van een groter inzicht aan de mensen die op aarde leven. Rienk is een zeer ver gevorderde entiteit. Hij heeft veel mensen die overleden zijn bij zich, die hem daarbij kunnen helpen.
Het is niet zo dat denken jullie dat die overleden mensen uitsluitend aardse familieleden van Rienk waren. Eigenlijk zijn alle mensen familie van elkaar, want hun ontstaan is van mij, uit mij, door mij en met mij.
Deze overleden mensen, entiteiten dus, hebben eveneens een groot inzicht verkregen door de vele levens die zij op aarde hebben doorgebracht.

In dit boek is het mijn bedoeling dat er gesproken gaat worden met Rienk en met mij over allerhande onderwerpen die betrekking hebben op het verblijf op aarde, en in de voor jullie onzichtbare wereld. Ons doel is jullie inzicht te helpen vergroten.
Wij willen dit, omdat de ontwikkelingen op aarde steeds sneller gaan. Hoe meer jullie begrijpen wat er gaande is, hoe beter dat is.

Het is niet de bedoeling dat de aarde zal vergaan. Nee wij willen dat de aarde een verblijfplaats wordt, waar het voor de mensen goed toeven is.
Wij zullen er dus alles aan doen om jullie inzicht te vergroten, en om uitleg te geven aan een aantal gebeurtenissen waarvan gebleken is, dat jullie die niet hebben begrepen.
Daarnaast zullen wij jullie vertellen wat je kunt doen om sneller tot een groter inzicht te komen. Met andere woorden; er zijn een aantal oefeningen die de poort van de geest naar de ziel kunnen openen.

Lukt jullie dat, dan zul je steeds die zielservaring willen beleven, want er is niets zo weldadig als dat.

Het gaat er dus om dat er een opening wordt gemaakt van jullie geestelijke ervaring naar de ziel.
Hiervoor zijn een aantal oefeningen, waarvan wij de belangrijkste aan jullie zullen doorgeven.

Oefening 1

Je gaat zitten op een stoel, en die stoel kan het beste een rechte zijn, dus niet een fauteuil.
Probeer, als je goed zit, je te concentreren op één punt. Dit kan een punt zijn dat je voor je ziet. Bijvoorbeeld iets dat aan de muur hangt, of iets anders dat je in de verte ziet. Dat concentreren op dat punt dien je zodanig te doen, dat alle gedachten daarnaar toe gaan. Dit lijkt moeilijker dan het is.
Als je die concentratie een tijdje hebt volgehouden zul je merken dat jouw lichaam zich geheel aan het ontspannen is. Op een gegeven moment voel je jouw lichaam niet meer. Je komt als het ware even los van jouw lichaam.
Dit is niet zo, maar je ervaart dit wel zo.
Nu gaat er iets gebeuren dat een nieuwe ervaring voor je is. Je krijgt een weldadig gevoel dat begint in jouw hoofd en eindigt bij jouw voeten. Dat weldadige gevoel komt de eerste keer maar heel even.
Hoe vaker je deze oefening doet hoe langer je dit gevoel kunt vasthouden. Dit weldadige gevoel is het contact dat jouw geest maakt met jouw ziel.
Die ziel is het absolute eigene van je, zeg maar, jouw eigen bron.
Hieruit ontspruit alles, en dat wordt dan weer doorgegeven aan jouw geest.

In de ziel is alles opgeslagen. Alleen doordat de mens zich steeds verder van zijn ziel heeft afgewend, dringt deze informatie moeilijk tot hem door.
Vandaar deze oefening.
Door deze oefening wordt er dus contact gemaakt met de ziel en daardoor gaat de mens zich beter instellen op zijn ziel. De informatie die in de ziel is opgeslagen is van de meest zuivere soort. Door contact te leggen met jouw ziel zul je het leven beter gaan begrijpen, en ga je inzien dat het leven meer inhoudt dan wat de mensen tot nu toe denken dat het leven inhoudt.

Op aarde is er voor iedereen plaats. Iedereen krijgt een maximale kans zich te ontplooien. Het is de bedoeling dat je die maximale kans die je geboden krijgt benut.
Omdat mensen niet begrijpen met welk doel zij hier op aarde zijn gekomen, denken zij dat hun kans ligt op het gebied van pakken wat je pakken kunt, ook al gaat dat ten koste van anderen.
De mens is daardoor vervallen in machtsdenken, en is helemaal vergeten dat deze manier van leven tot niets leidt. Wat de mens zich zal dienen te herinneren is, dat je met elkaar hier op aarde bent en dat alles wat hier gebeurt zin heeft.
Alle gebeurtenissen hebben op de een of andere manier zin. Echter de mens is zijn eigen oorzaak van de gebeurtenissen die hem overkomen. Voor de mens is dat erg moeilijk te begrijpen.
Door het contact met jouw ziel te verbeteren, ga je voelen dat het ook anders kan. Dat weldadige gevoel geeft de positieve basisinstelling van je een nieuwe impuls en daardoor ga je minder plezierige zaken van de positieve kant bekijken.
Die positievere instelling leidt tot een positieve beïnvloeding van de gebeurtenissen in jouw leven. Je gaat je beter voelen en dat komt jouw omgeving ook ten goede.

De medemens ziet dat je vrolijker en positiever geworden bent, en wordt ook aardiger naar jou toe. Met andere woorden, wie positief leeft ontmoet positieve mensen, dat is een absolute waarheid.
Die omslag is dus te bereiken door het contact van jouw geest met jouw ziel te verbeteren.

Doe die oefening elke dag laten we zeggen 10 minuten en je gaat na enkele weken de resultaten zien.
Wij willen bereiken, Rienk en ik, dat jullie gaan begrijpen dat het leven op aarde iets prachtigs is. Jullie kunnen je eigen paradijs scheppen. Het begin alleen ligt bij jullie zelf.
Het enige wat wij jullie proberen te vertellen hoe jullie dat kunnen bereiken.
Een belangrijke, ik zou zeggen, essentiële vraag die bij jullie naar boven komt, is:
Waarom zijn wij niet eerder gekomen met deze oefening en waarom wordt daar nu dan zoveel aandacht aan besteed, terwijl de mensheid al zolang op aarde rondloopt?
Inderdaad, de mensheid loopt al miljoenen jaren op aarde rond en ik heb al talloze keren geprobeerd uit te leggen hoe de mens eigenlijk zou moeten gaan leven om geluk te vinden. Tot nu toe heb ik weinig succes gehad, maar eigenlijk is dat niet zo.
Door vallen en opstaan heeft de mens toch het een en ander geleerd en is gaan inzien dat het zo niet langer kan. Jullie hebben dus wel degelijk iets geleerd van al die tegenslagen die jullie voor jezelf hebben gecreëerd.
Alleen denken jullie dat jullie zo langzamerhand verdoemd zijn door alle mislukkingen en dat God spoedig een einde zal gaan maken aan het aardse bestaan van de mensheid.
Niets is hiervan waar.

De aarde is helemaal niet verdoemd, en ik ben al helemaal niet van plan een einde te maken aan de aarde of wat dan ook. Ik wil juist dat de aarde blijft bestaan in al haar glorie waarin ik haar heb geschapen en wordt bewoond door mensen die het hoogste geluk nastreven.
De weg die de mens tot nu toe heeft afgelegd is er een van het verkrijgen van inzicht in zichzelf. Dit was zoals gezegd een zeer moeilijke weg, maar het heeft in zekere zin al iets tastbaars positiefs opgeleverd.

Hoofdstuk 7

Een steeds groter wordende groep mensen wenst zich een beter leven op aarde en gaat daarvoor in gebed

Gebeden hebben absoluut zin. Gebeden zijn ook een manier om in contact te komen met jouw ziel.
Eigenlijk is een gebed niets anders dan jezelf even los te maken van het aardse gebeuren, en dan in contact te komen met het hogere.
De mens heeft bidden geleerd van mijn aardse zoon Jezus, die deze oefening zelf ook toepaste. Het gebed is zeer werkzaam, al denken veel mensen dat dit niet zo is.
Wij willen jullie leren hoe je effectief kunt bidden, en welk doel er met bidden bereikt kan worden.
Om met het laatste te beginnen het volgende.
Het doel van bidden is anders dan de meeste mensen denken.
Een eenvoudig voorbeeld:
Iemand bidt, omdat hij zich iets materiëels wenst, en hoopt dat die wens onmiddellijk in vervulling gaat. Op deze manier werkt bidden niet. Bidden werkt alleen, als iets met jouw hele ziel wordt gewenst en dat iets dat je wenst bijdraagt aan een positief doel.
Het gebed voor iets dat negatief is, werkt niet.
Bidden werkt alleen als de intentie een hoger doel dient dat wordt gewenst.
Dit betekent, dat degene die bidt, zich zoveel mogelijk dient in te stellen op dat hogere doel.
Je zult zien als er op deze manier wordt gebeden, het gebed succes heeft en dat de gebeurtenissen zich gaan richten naar de in

dat gebed geuite wens. De mensen die zich van de situatie op aarde bewust zijn, hebben gebeden voor een betere aardse situatie. Deze gebeden zijn al jaren en jaren achtereen gedaan.
Is er dan niets verbeterd in al die tijd?
Ja wel degelijk. De mensen zijn steeds meer gaan inzien wat de gevolgen zijn van hun daden. Een aantal hebben geprobeerd die gevolgen bewust te beïnvloeden, maar doordat anderen het niet hebben begrepen, mislukte dat steeds.
Nu zijn we in een tijd aangekomen, dat steeds meer mensen gaan inzien, dat zijzelf invloed kunnen uitoefenen op het resultaat van de gebeurtenissen.
Dit leidt tot een doelbewuster handelen van jullie. Tevens betekent dit een afname van de macht van een kleine groep rijken die alles op aarde dacht in handen te hebben.

Voor de rijken zal de komende tijd niet erg aangenaam worden, tenzij zij gaan inzien dat zij moeten gaan meewerken aan een evenredige verdeling van aardse goederen.
Doen zij dit niet, dan zullen zij alles gaan verliezen en tot het inzicht komen, dat iedereen gelijk is ongeacht afkomst en huidskleur.
De ontmanteling is al in gang gezet, al lijkt het er nu op dat daarvan geen sprake is. Er zijn steeds meer fusies tussen grote bedrijven en de salarissen van topmanagers worden almaar hoger.
De omslag is, zoals gezegd, al begonnen.
De schaalvergroting, zoals die bij zoveel grote bedrijven plaatsvindt, is eigenlijk een natuurlijk proces. De mens wil samenwerken en dit gevoel is veel sterker, dan dat de mens met zijn wil kan beheersen. Vandaar die grote fusies tussen bedrijven en instellingen die plaatsvinden.

Helaas worden door die samenwerkingsverbanden de verschillen tussen verschillende groepen mensen ook steeds duidelijker.
Hoe nou die verschillen weg te werken? Dat is een probleem waar maar één duidelijke oplossing voor is.
En dat is, tegemoetkomen aan de wens tot informatie van ieder individueel mens.
Ieder mens wil graag weten hoe alles in elkaar zit en wat er besloten wordt. Tot nu toe wordt er veel 'en petit comité' besloten en aan ondergeschikten opgelegd in de vorm van regels. Iedereen heeft zich aan die regels te houden.
Echter zo werkt het niet. Het opleggen van in een kleine groep genomen beslissingen werkt maar tot op zekere hoogte.
De bedoeling is dat de betrokkenheid van een ieder wordt vergroot. Zodra iemand zich verantwoordelijk voelt is zijn betrokkenheid maximaal.
Dus wil je iets tot stand brengen, dan dient er gewerkt te worden aan het vergroten van de betrokkenheid van een ieder bij de beslissing. Hiervoor is nodig het geven van volledige informatie en inspraak van iedereen.
Belangrijk is dat in eerste instantie gewerkt gaat worden met een tijdspad. Dit, omdat anders een beslissing te lang kan worden uitgesteld. In het begin zullen er mensen zijn die zich niet bewust zijn van het feit dat zij mee kunnen beslissen.
Nadat deze procedure een aantal keren op dezelfde wijze is uitgevoerd, wordt de mens zich bewust van het feit dat er ook van hem iets wordt verwacht. Op deze manier wordt er een beroep gedaan op het bewustzijnsproces van de individuele mens.
Het lijkt op een open deur wat er in het voorafgaande is gezegd, echter de informatie die aan de beslissers wordt gegeven, is meestal gemanipuleerd. Daarom worden er ook zo vaak verkeerde beslissingen genomen.

De wil om informatie zuiver door te geven, dus zonder iets achter te houden, dient uitgangspunt te worden, en wel van hoog tot laag.
Hoe zuiverder er gewerkt gaat worden, hoe beter de resultaten zullen zijn.
Uiteindelijk zal blijken dat hiërarchische structuren niet meer nodig zijn. Dit zal leiden tot een volledig andere organisatie van de maatschappij.
Het zal nog wel even duren voordat het zover is, maar het proces om tot die verandering te komen, is al ingezet.
Dit proces is onomkeerbaar. Een aantal mensen denkt dat door manipulatie dit proces tegen is te houden. Dit is een misvatting. Door de wens tot betere informatie zal het manipuleren van die informatie steeds moeilijker worden. Degenen die zich schuldig maken aan manipulatie worden buitengesloten. Zij worden als ongeloofwaardig beschouwd, en voor hen zal het zeer moeilijk worden om een plaats te vinden in de maatschappij.
Die behoefte aan zuivere informatie zal ook veel gemanipuleer uit het verleden naar boven brengen. Mensen die zich hieraan schuldig hebben gemaakt en nog in leven zijn, gaan een moeilijke tijd tegemoet.
Het is niet de bedoeling dat deze mensen daadwerkelijk worden gestraft, maar door het feit dat zij ongeloofwaardig zijn, worden zij al voldoende gestraft.
Het heeft er de schijn van, dat wij eropuit zijn om genoemde mensen te straffen. Echter, dat is niet zo. Wij willen dat de mens zich bewuster wordt van zijn eigen invloed en die van anderen.
Als de mens inziet dat hij door manipulatie het resultaat op een verkeerde manier heeft beïnvloed, dan is hem dat vergeven. Het inzicht hiervan is namelijk zeer belangrijk. Want het leven hier op aarde is het verkrijgen van inzicht. En inzicht leidt tot be-

wustwording, en bewustwording leidt tot een ander gedrag van de mens.
Ik predik al eeuwen en eeuwen lang vergeving. Vergeving is niet zomaar iets dat uit de lucht komt vallen. Vergeving kan geschonken worden als degene die schadelijk voor anderen bezig is geweest, zelf inziet dat die handelingen schadelijk waren. Het proces van het inzien, daar gaat het juist om. Steeds gaat het om die bewustwording.
Als de mens zich bewust wordt van de gevolgen van zijn handelen, dan gaat hij op een andere wijze met zichzelf en dientengevolge ook met de ander om.
Hij gaat dan als het ware op een verantwoorde wijze leven. Dit houdt in, dat een aantal waarden die nu nog erg belangrijk voor hem zijn, zullen veranderen. Het gaat voor hem in de eerste plaats niet meer om zoveel mogelijk aardse goederen te vergaren. Het gaat er in de eerste plaats dan om, dat je het plezierig hebt met jouw medemens. De zorg voor het welzijn van de medemens wordt dan een belangrijk punt.
Hoewel, denken aan het eigen welzijn is zeker zo belangrijk. Hoe beter je voor jezelf kunt zorgen, hoe meer je iets kunt betekenen voor een ander. Deze uitspraken lijken erg eenvoudig en in feite zijn zij dat ook.
De mens staat nu nog erg ver van zijn ziel af. Dit maakt het moeilijk de ware essentie van die uitspraken in te voelen. Vandaar dat ik nogmaals terugkom op de eerder beschreven oefening. Doe die elke dag 10 minuten en je zult zien, het heeft resultaat.

Wij zijn er om jullie te helpen en niet om jullie te berispen.
In de religies die in de wereld beleden worden lijkt het erop dat God degene is die straft als er niet naar hem wordt geluisterd. Ik

straf niemand die kiest voor het volgen van een bepaald pad. Het enige dat ik probeer is, hem ervan te overtuigen dat hij zich bewust wordt van de keuze van het pad.
Bewustwording van het gekozen pad kan leuk zijn als het leidt naar geluk, en dan bedoel ik werkelijk ingevoeld geluk met heel jouw ziel.
Het kan ook zijn dat je je bewust wordt van een pad dat een ware nachtmerrie voor je is. Je bent een bepaalde weg ingeslagen en je bent maar doorgegaan en doorgegaan zonder te beseffen waar je mee bezig was. Velen denken, dat de beste manier om uit die nachtmerrie te komen is, stug door te gaan en niet te denken aan de gevolgen. Ik ben nu toch al te ver, ik kan niet meer terug. Vergeet nooit! Er is altijd een andere weg!
Dat is geen weg terug, want die bestaat niet, er is wel een andere weg, een uitweg, uit de beleefde ellende. Of je eruit wilt is jouw eigen keuze en van niemand anders. Jij beslist altijd over het levenspad van jouw eigen leven. Dit is een wetmatigheid.

Je kunt dus nooit iemand anders de schuld geven van de situatie waarin je terecht bent gekomen.
De schuld geven aan anderen gebeurt maar al te vaak. Nu is het ook zo, dat het erop lijkt dat anderen jouw leven bepalen, omdat er zoveel regels zijn, waaraan je dient te voldoen. Je ziet door de bomen het bos niet meer, laat staan het pad door het bos.
Als je teruggaat naar jezelf door middel van de eerder genoemde oefening, dan zul je dat pad weer gaan vinden. En dan zul je gaan inzien, dat er altijd een uitweg is en dat het ook mogelijk is weer een andere keuze te maken.
Zoals gezegd, dat inzicht gevolgd door een nieuwe bewuste keuze, leidt in de eerste plaats tot zelfvergeving en daarna tot vergeving van de medemens.

Na inzicht, hetzelfde als bewustwording, is er altijd vergeving mogelijk.
Dit is ook weer een wetmatigheid.
Dus denk nooit, ik zit in een onomkeerbare situatie, want die is er niet. Er is altijd een uitweg en ik sta jullie bij met het vinden van die uitweg.

Hoe herken je of een bepaalde richting een uitweg is?
Zoals gezegd, is de eerder beschreven oefening een goede manier om in een ontspannen situatie te komen. Laat, als je geheel ontspannen bent de situatie waarin je je bevindt en die je onplezierig vindt, langs jouw geestesoog gaan. Met andere woorden, denk als je ontspannen bent aan die moeilijke situatie. Laat, nadat je hier enkele ogenblikken aan hebt gedacht, dit probleem los. Ga terug naar het ontspannen gevoel. Ontspan je nog een keer helemaal en voel van jouw hoofd tot jouw voeten dat je heel ontspannen bent.
Kom terug uit die ontspannen situatie naar het leven van alle dag, je zult merken dat je heel anders naar de problemen kijkt en dat je een uitweg ziet.
Soms moet je je een paar keer ontspannen, voordat je een uitweg vindt.

Dit komt omdat je je echt goed moet kunnen ontspannen.
Tijdens die ontspanning laat je jouw gedachten de vrije loop en kom je even los van de binding met jouw lichaam. Daardoor wordt je overzicht vergroot en krijgt jouw geest de kans de oplossing van het probleem via jouw ziel op te nemen.
Vaak vind je de aangeboden oplossing geen oplossing, omdat het naar jouw mening teveel inspanning kost om die weg te volgen.
Mijn advies is, probeer ondanks die weerstand toch de geboden

opening te benutten. Eenmaal de keus gemaakt, geeft al voldoende kracht om de ingeslagen weg te volgen. Probeer dan vast te houden aan de gedachte dat je uit het probleem wilt komen. Laat je niet door anderen van de wijs brengen. Je zult zien, naarmate je volhardt in jouw keuze het volgen van de ingeslagen weg steeds eenvoudiger wordt. Hoe verder je bent gevorderd des te moeilijker het voor anderen wordt je van die nieuwe weg af te brengen. Het wordt ervaren als een enorme overwinning als je aan jouw nieuwe inzichten trouw blijft.

Niet alleen wordt je eigen zelfvertrouwen er groter door, ook zul je zien, dat je de gebeurtenissen om je heen bewuster gaat ervaren.

Je wordt ook positiever in de benadering van andere mensen, al denk je eerst dat juist het tegenovergestelde waar is.

Kom je terecht op het doel dat je je hebt gesteld, dan wordt het ook mogelijk om jouw eigen ervaringen op een overtuigende manier uit te dragen aan anderen. Voor anderen is dan een moment aangebroken om te gaan nadenken over hun situatie.

Kortom, je gaat op deze manier anderen helpen om uit een voor hen moeilijke situatie te komen.

Het zal vaak niet direct lukken anderen te overtuigen een andere weg in te slaan.

Dat is ook logisch, want als je naar jezelf teruggaat en denkt hoelang het bij jou heeft geduurd voordat je die stap kon maken, dan is het voor jou begrijpelijk, dat de ander hiervoor enige tijd nodig heeft. Genoemde methode is eigenlijk al jaren aan de gang.

In het begin waren er nauwelijks resultaten zichtbaar, en leek het er steeds weer op dat de mens terugviel in zijn oude gewoonten. Dit kwam omdat in het begin, zeer veel jaren terug, er maar weinigen inzagen, dat er iets zou moeten veranderen.

Omdat de communicatie tussen mensen niet zo open en snel was, duurde het veel langer voordat iets doorwerkte.
Nu is er een zeer snelle en open communicatie die het mogelijk maakt om veel sneller waar te nemen wat er allemaal gebeurt. Mensen hebben zich door de eeuwen heen steeds verder ontwikkeld, omdat in de cyclus van geboren worden en overlijden hun ontwikkeling doorgaat, juist nu en in versterkte mate, zoals ik reeds eerder heb gezegd.
Voor de mensen op aarde is het moeilijk te begrijpen, dat de ontwikkeling ook verder gaat in de voor hen onzichtbare wereld. Als de mens dood is houdt niet alles op, maar gaat zijn ontwikkeling dus verder. Zij het op een andere wijze. Eenmaal uit zijn lichaam, heeft de gewezen aardse mens een veel groter overzicht. Na het overgaan (= sterven) wordt de overledene geconfronteerd met het bestaan dat hij heeft gehad op aarde. Hij kan tot in detail alle gebeurtenissen opnieuw beleven en dan invoelen wat die gebeurtenissen voor hemzelf en voor de ander hebben betekend.
Hij stelt als het ware de balans op van zijn leven op aarde.
Er wordt niet geoordeeld door een oppermacht, zoals de meeste mensen op aarde denken. Ook wordt er niet gestraft. Waar het om gaat is, dat de overledene gaat begrijpen welke gevolgen zijn leven heeft gehad. Tevens wordt zijn leven vergeleken met de voornemens die hij had.
Het kan zijn, dat zijn leven heel anders is uitgepakt dan dat hij zich had voorgenomen. Van belang is na te gaan welke gebeurtenissen geleid hebben tot een andere richting in zijn leven.
Het is mijn uitdrukkelijke wil dat de mensen die op aarde zijn, gelukkig worden.
Gedacht wordt dat het mijn wil is dat mensen op aarde lijden en dit lijden geeft dan een mogelijkheid om een goede plaats in de

hemel te krijgen. Hoe harder er geleden wordt hoe mooier de plaats in de hemel.
Ten eerste is er geen hemel zoals de mensen op aarde dat zien. Als de mens bij het doodgaan uit zijn lichaam treedt, komt hij in een andere sfeer terecht, waar het leven gewoon doorgaat. Alleen in die sfeer zijn de verschillen tussen de mensen minder groot. Want in het 'hiernamaals' zijn er verschillende sferen die afhankelijk zijn van het begripsniveau van de mens. Hoe groter het begripsniveau des te hoger de sfeer is waar de mens na zijn dood in komt.
Dus de mensen zijn toch niet gelijk, want na hun dood komen zij in verschillende sferen? Toch zeg ik dat alle mensen aan elkaar gelijk zijn, ongeacht hun begripsniveau. Uiteindelijk komt ook ieder mens in de hoogste sfeer terecht. Echter de één doet daar wat langer over dan de ander om er terecht te komen.
Mijn wil is dat ieder mens in zijn eigen tempo en op zijn eigen manier zich inzicht verschaft in zijn bestaan. Hieraan kan en wil ik niets veranderen. Vandaar dat de mens op aarde een ontwikkeling heeft door te maken.
Een belangrijk punt bij het verkregen inzicht is, dat degenen die wat verder zijn gevorderd, de anderen proberen te helpen.
Hoe meer mensen hulp verlenen des te sneller dit proces gaat.
Op dit moment zijn wij aangeland in een tijdperk dat de aarde zich gaat openen voor een groter inzicht. De aarde gaat naar een hogere sfeer en de bewoners zullen de aarde daarbij moeten volgen. Vandaar dat het steeds belangrijker wordt, dat de groep mensen met een groter bewustzijn snel in aantal toeneemt.
Door de stijging van de sfeer wordt de negatieve invloed van buitenaf op de aarde geringer. Hierdoor wordt het makkelijker om de eenmaal ingenomen positieve instelling vast te houden. Feitelijk worden de mensen steeds aardiger en begripvoller voor

elkaar. Wij doen ons uiterste best de mensen te ondersteunen bij het vinden van deze nieuwe weg. Het verblijf op aarde wordt daarom ook leuker en aangenamer, al zijn er nog wel een paar hobbeltjes te nemen.
Het klimaat is op dit moment aan het veranderen en dat merkt iedereen.
Sommige plaatsen worden door regenwater overspoeld, andere plaatsen merken dat het er ineens gaat vriezen. De meeste mensen zijn daarop niet voorbereid. Hoe groter het inzicht, des te beter de mens reageert op de veranderingen. Het zijn veranderingen ten goede, bedenk dat steeds!

Hoofdstuk 8

Het leven van de mens gaat steeds volgens een bepaald plan

Iedereen die wordt geboren heeft zich voorgenomen om een bepaald leven te leiden.
Hij kan het zich alleen niet meer herinneren als hij op aarde is.
Ik ga helemaal terug naar het begin met de uitleg, van hoe een en ander in zijn werk gaat. Voor het verkrijgen van inzicht is het namelijk ook van belang, dat er wordt uitgelegd hoe de 'levenscarrousel' op aarde in elkaar zit. Ik spreek van een 'levenscarrousel', omdat het proces van geboren worden en sterven steeds terugkomt of doorgaat net zoals men dat waarneemt. Voordat iemand wordt geboren op aarde wordt er een plan gemaakt van het leven dat gaat worden geleid.
Even nog vooraf. Is de ziel eeuwig? Ja, de ziel is eeuwig en heeft dus altijd bestaan.
De ziel komt voort uit de bron en vormt dus een geheel met de bron, of God zoals de bron op aarde wordt genoemd. Omdat er maar één bron kan zijn van waaruit alles is ontsproten en die dus alles omvat, is er daarom maar één God, omdat jullie de bron God noemen. Die bron manifesteert zich in alles, dus ook in de allerkleinste deeltjes. Die bron is en blijft de oorzaak van alles.

Nu terug naar de geboorte van de mensen op aarde. Er wordt, zoals gezegd, een plan gemaakt met degene die weer op aarde geboren gaat worden. Bij het opstellen van dat plan krijgt de persoon die geboren gaat worden hulp van anderen. Dit zijn ver gevorderde entiteiten die door de tijd heen een zeer groot inzicht hebben verkregen.

Deze entiteiten gaan deze persoon op aarde begeleiden. Ik noem ze entiteiten, omdat het gewezen mensen zijn, eigenlijk zielen die al ver zijn in hun ontwikkeling, die voor die begeleiding zorg dragen. Omdat de nadruk op de begeleiding ligt, noem ik die entiteiten in het vervolg begeleiders.
Iedere persoon op aarde krijgt één vaste begeleider en daarnaast een aantal begeleiders die elkaar afwisselen. Die vaste begeleider houdt de persoon op aarde constant in de gaten en probeert hem zo goed mogelijk bij te staan. Hoe groter het inzicht van de persoon op aarde, des te meer is hij zich bewust van zijn begeleiders. Er zouden signalen naar de aarde zijn gezonden, dat de mensen niet meer bijgestaan zouden worden door begeleiders. Dit is niet juist. Individuele mensen zullen altijd bijgestaan blijven worden door begeleiders, omdat dit een onderdeel is van het aardse plan.
Nu gaan we weer verder waar we gebleven waren.
De periode voor de geboorte wordt dus gebruikt voor het opstellen van een levensplan.
Het geboren worden is een duidelijke keuze van de persoon, al wordt hem dat ook wel geadviseerd. Het leven op aarde is daarom zo belangrijk, omdat de op aarde aanwezige mensen uit alle verschillende sferen komen. De kennis die op aarde wordt opgedaan is veel diepgaander dan in een bepaalde sfeer, waar de entiteiten zich bevinden tussen hun gelijken. Het verkrijgen van inzicht gaat op aarde daardoor veel sneller.
Het geboren worden van de geest in het lichaam kost ongeveer 3 maanden van de 9 maanden die nodig zijn voor het volgroeien van het lichaam. Dat betekent dat de geest pas 3 maanden voor de geboorte in het lichaam komt. Voor die periode is de geest zo nu en dan in het lichaam om eraan gewend te raken.
De bedoeling van het opstellen van een levensplan is, dat er wordt gekeken welke talenten een persoon meekrijgt naar de

aarde. Welke karaktereigenschappen krijgt die persoon en waar wil die persoon aan het einde van zijn leven uitkomen.
Het is duidelijk niet de intentie dat die persoon met zijn levensdoel te hoog grijpt.
Uiteindelijk is het beter dat het doel wordt gehaald, dan dat het niet lukt, want dan kan die persoon weer opnieuw beginnen.
De persoon die zijn verblijf op aarde voorbereidt, krijgt al in grote lijnen te zien hoe zijn leven op aarde zal zijn. Dit betekent overigens niet dat er niet kan worden afgeweken van dit levensplan als die persoon zich eenmaal op aarde bevindt.
Ieder krijgt een eigen wil als hij zich op aarde bevindt, en is dus vrij in het maken van zijn eigen keuzes. Daarom komt het geregeld voor dat het voorgenomen leven niet wordt geleefd, maar dat er al vrij snel van het plan wordt afgeweken.
Hoe minder inzicht die persoon op aarde heeft, hoe groter het risico is, dat er van het levensplan wordt afgeweken. Meestal heeft die persoon niet in de gaten dat hij van het levensplan afwijkt, en nu op een heel andere manier bezig is.
Van belang is, dat die persoon door het afwijken van zijn levensplan anderen niet op een erg schadelijke manier behandelt. Onder schadelijk dient hier verstaan te worden, dat het totale plan van leven op aarde wordt verstoord.
Als dit laatste het geval is wordt er eerst geprobeerd die persoon in zijn slaap duidelijk te maken dat hij afwijkend bezig is. Werkt dat niet, omdat die persoon veel te ver van zijn ziel af is komen te staan, dan wordt er bijgestuurd. Dat kan gaan in de vorm van het krijgen van ziektes of het overkomen van een plotseling voorval. Deze ziektes en plotselinge voorvallen zijn bedoeld om die persoon tijd voor reflectie te geven. En vaak werkt dat.
Nu is het ook weer niet zo dat alle voorkomende ziektes een gevolg zijn van het afwijken van het levensplan. Het kan ook

zijn, dat een ziekte doorleefd moet worden om inzicht op te doen. Die ziekte maakt dan deel uit van het levensplan.
Hetzelfde geldt voor het plotselinge voorval, dit kan onderdeel uitmaken van het levensplan. Ook hier gaat het weer om het opdoen van inzicht.

Nu weer terug naar die persoon die geboren was op aarde en die afwijkt van zijn levensplan. Als hij blijft volharden in het afwijken van zijn levensplan kan het zijn dat zijn leven voortijdig wordt beëindigd. Verder leven heeft dan geen zin meer, en het is dan beter dat hij alles op een rijtje zet en opnieuw begint. Iemand bij wie op zo'n manier zijn leven wordt beëindigd, vindt het bepaald niet leuk dat hij terug moet. Hij ervaart dit als een ernstige mislukking. Altijd krijgt hij weer een nieuwe kans om zijn levensplan, wat dan weer aangepast wordt, op aarde te leven.

Voorgaande is een vereenvoudigde manier van verklaren hoe levens in elkaar zitten, echter de werkelijkheid is ingewikkelder, omdat de levens van mensen op aarde elkaar onderling ook beïnvloeden. Om het te kunnen begrijpen is het voorgaande vereenvoudigd.

Waar we het nog niet over hebben gehad is, wat er gebeurt als iemand een leven leidt dat in positieve zin afwijkt van zijn levensplan. Met andere woorden, die persoon krijgt een sneller inzicht.
Dit is natuurlijk erg mooi als dit gebeurt en dit komt regelmatig voor. In dit geval krijgt die persoon de kans zich verder te ontwikkelen en mag hij daarbij kiezen voor een verder verblijf op aarde of dat hij teruggaat naar de sfeer waar hij vandaan is gekomen.

Meestal kiest hij voor een verder verblijf op aarde, omdat zijn opstelling niet alleen zijn eigen inzicht vergroot, maar ook dat van de mensen met wie hij te maken heeft.
Hoe wordt er dan gekozen?
Dat kiezen gebeurt tijdens de slaap. In de slaap treedt iedereen uit zijn lichaam en komt van tijd tot tijd even terug in de sfeer waar hij vandaan komt. Tijdens zo'n uitstapje wordt overlegd wat er verder gaat gebeuren. De persoon op aarde heeft altijd de laatste keuze. Kiest hij voor het blijven op aarde, dan mag hij blijven. Meestal wordt zijn situatie beter, met andere woorden, hij krijgt een betere gezondheid en hij wordt vrolijker.
Stel dat hij kiest voor het teruggaan naar de sfeer, dan blijft hij daar direct.
Die persoon is dan overleden in zijn slaap. Er wordt dan gezegd hij is vredig ingeslapen.

Wij hebben hier de term sfeer gebruikt, en ik merk dat deze term nog niet geheel duidelijk bij jullie is.
Als iemand sterft dan komt hij terecht in een van de zeven sferen waar hij verder gaat als entiteit. Ofwel hij wordt onderdeel van de totale eenheid. Eigenlijk kun je zeggen dat na het leven op aarde het leven gewoon doorgaat, zij het, dat het lichaam afgelegd is. Als entiteit heb je een veel groter overzicht. Daardoor wordt jouw inzicht groter en kun je meer dingen begrijpen.
Per sfeer zijn entiteiten samen die hetzelfde begripsniveau hebben.
Hoe hoger de sfeer waar je naartoe gaat, des te groter jouw inzicht.
De beste manier om inzicht te krijgen is op aarde, omdat daar mensen uit alle sferen door elkaar aanwezig zijn. Een grote beperking bij het verkrijgen van inzicht vormt het lichaam. Het

stoffelijk lichaam wel te verstaan. Zoals gezegd heeft het stoffelijk lichaam ook mogelijkheden om dingen buiten dit lichaam waar te nemen, en dan bedoel ik via telepathie, maar dan moet de persoon eerst al een bepaald inzicht hebben.
Dus hoe kleiner het inzicht, hoe kleiner het waarnemingsveld.
Het is zoals reeds is meegedeeld de bedoeling, dat de mensen op aarde een groter inzicht gaan krijgen. Zij worden hierbij geholpen door hun begeleiders (= entiteiten). Die begeleiders komen of uit dezelfde sfeer of uit een hogere sfeer, nooit een lagere sfeer.
Wanneer ga je over naar een hogere sfeer?
Als je die hoeveelheid inzicht hebt verworven die bij die hogere sfeer past.
Het is niet de bedoeling van dit boek om dit per sfeer precies te gaan beschrijven.
Er wordt volstaan met de mededeling dat er zeven sferen zijn, en dat de mate van inzicht bepalend is naar welke sfeer je gaat.

Veel belangrijker is, en daar blijf ik steeds aandacht voor vragen, dat mensen bewuster gaan leven. Dat zij gaan begrijpen welke invloeden er van bepaalde gebeurtenissen uitgaan en dat zij gaan begrijpen dat zij ook zelf voor dit leven hebben gekozen.
Het verhaal, ik heb mijzelf niet op aarde gezet en ik heb mijn ouders niet gekozen, gaat niet op. Want je hebt jouw ouders wel degelijk gekozen, en je had zelfs een reële keuzemogelijkheid.

Als jouw levensplan klaar is, ga je samen met jouw begeleiders je toekomstige ouders uitkiezen. Je krijgt daarbij drie ouderparen voorgesteld, die natuurlijk al enige tijd op aarde leven. Deze ouderparen worden om beurten aan je voorgesteld. Je ziet wat hun levensplan is en je ziet wat ze daarvan al gerealiseerd hebben. Je vergelijkt hun levensplan met dat van jou en kijkt bij wie

je het beste jouw levensplan kunt realiseren. Dan maak je een keuze. Eenmaal een keuze gemaakt betekent, dat je bij dat ouderpaar wordt geboren. Je kunt halverwege de conceptie niet meer kiezen voor een ander ouderpaar. Alles verloopt na die keuze volgens een vast plan.
Het duurt negen maanden voordat het lichaam gereed is, gedurende de eerste zes maanden is de nieuwgeborene zo nu en dan in het lichaam, echter de laatste drie maanden bevindt de geest zich continu in het lichaam.
De geboorte is een hele ervaring voor die geest.
Hij krijgt nog even zijn levensplan kort te zien en dan begint het leven op aarde.
In het begin vindt die geest het helemaal niet zo plezierig in dat lichaam. Hij kan erg weinig en wordt bij elke minimale inspanning heel moe. Daarom slaapt een baby in het begin ook erg veel. Na een half jaar gaat het al wat beter, en lijkt het erop dat de baby zijn omgeving gaat waarnemen en zijn lichaam gaat gebruiken.
Bij baby's met een geest die al veel inzicht heeft, wordt de waarneming van de omgeving ook bewuster beleefd. Bij baby's met weinig inzicht wordt de waarneming van de omgeving nauwelijks vastgezet in de geest. Zij worden als het ware geleefd en het duurt een paar jaar voordat er van enig bewustzijn sprake is. Het aanleren van nieuwe dingen verloopt dan ook langzamer.
In de eerste zeven jaren van zijn leven wordt een kind door zijn begeleiders maximaal bijgestaan.
Hoe groter het inzicht, des te meer het aanwezig zijn van die begeleiders door het kind wordt opgemerkt. Daarom zijn er ook kinderen die praten tegen voor ouders onzichtbare mensen. Voor die kinderen is dat heel begrijpelijk, omdat zij hun begeleiders zien staan.

Ouders met een groot inzicht kunnen soms die begeleiders ook zien. Als zij ze niet zien, vinden zij het in ieder geval niet gek dat hun kind ze wel kan zien.
Voor ouders is het belangrijk te weten dat een kind zijn eerste zeven levensjaren wordt beschermd door begeleiders. Het is de bedoeling dat het kind die periode zo goed mogelijk doorkomt. Daarom gebeuren er soms dingen met het kind die voor de ouders onverklaarbaar zijn. Een kind valt van de vierde verdieping van een flatgebouw en heeft niet eens een schrammetje. Dit kan niet, hoor je de ouders denken. Eigenlijk kan dit ook niet, maar door de hulp van de begeleiders liep alles goed af.

Aan de ouders dient nogmaals duidelijk gemaakt te worden dat zij ook een belangrijke taak hebben bij het beschermen van hun kind. Zij zijn verantwoordelijk voor het welzijn van hun kind en dienen zich dat goed te realiseren. Als een kind iets overkomt en de ouders waren niet echt oplettend, dan is dit heel ingrijpend in het leven van de ouders. Ouders die hun kind niet goed verzorgen maken het voor zichzelf in hun leven nodeloos moeilijk.
Het hebben van kinderen is een hele verantwoordelijkheid en het is de bedoeling dat een kind zo goed mogelijk wordt begeleid naar volwassenheid door de ouders.
Het is dus de plicht van de ouders daar alles aan te doen wat in hun mogelijkheden ligt. Ouders voelen die verantwoordelijkheid ook. Door velen wordt dat gezien als een zware last.
Belangrijk is het daarom ook dat kinderen worden opgevoed door zowel de vader en de moeder. Beiden hebben een grote invloed op het leven van hun kinderen.
Keuze van een partner is dan ook iets dat erg belangrijk is voordat het ouderschap wordt aangegaan. Het is zelfs beter af te zien van kinderen als de relatie tussen de beide partners niet goed is.

Hoe evenwichtiger de relatie tussen de ouders, hoe beter dit is voor de opvoeding van de kinderen. Kinderen zijn de nieuwe bewoners van de aarde, en zullen de aarde verder helpen. Bedenk daarom dat met een goede opvoeding van jullie kinderen jullie de aarde een dienst bewijzen. Jullie bewijzen jezelf daarmee ook een dienst, omdat evenwichtiger mensen prettiger zijn om mee samen te leven.
Wij proberen jullie steeds te vertellen wat jullie het beste kunnen doen om de aarde op een hoger plan te brengen.

Wij laten jullie echter volkomen vrij in het maken van jullie keuzes.
Als wij het hebben over een zorgvuldige keuze van een levenspartner, dan houdt dat uiteraard in, dat wij de keuze volledig aan jullie zelf overlaten. De mens heeft immers een eigen wil en daar treden wij niet in.
Wel willen wij jullie helpen bij het maken van een keuze van een levenspartner.
Een mens heeft vele keuzemogelijkheden, maar er zijn niet zoveel potjes die precies bij het dekseltje passen, om deze beeldspraak maar eens te gebruiken.
De beste levenspartner bevindt zich altijd in jouw omgeving, alleen moet je hem of haar wel opmerken. En bij dat laatste willen wij jullie helpen.

Hoofdstuk 9

Het hebben van relaties is essentieel voor het leven op aarde

Zou je geen relaties met mensen hebben, dan leer je hier op aarde maar erg weinig.
Juist door het contact met andere mensen ga je het leven steeds beter begrijpen en word je je steeds meer bewust. Wij kunnen dit niet vaak genoeg benadrukken.
Door het hebben van relaties wordt jouw leven ook een stuk gelukkiger. Gelukkige mensen hebben in het leven veel relaties met allerlei verschillende types mensen.
Het aangaan van relaties is voor veel mensen een probleem. Zij denken dat zij zich daarvoor extra moeten inspannen, maar eigenlijk is het tegengestelde eerder waar.
Waar gaat het in feite om?
Het gaat erom, dat mensen zoveel mogelijk zichzelf zijn. En hoe ben je jezelf?
Veel mensen denken dat zij een ander moeten zijn en hoe komt dat?
In het leven op aarde is er een betrekkelijk kleine groep mensen die een leven leidt, dat door anderen als geslaagd wordt beschouwd. Bijvoorbeeld het leven van een bepaalde filmster of stervoetballer.
Mensen proberen dat leven na te leven, maar dat lukt natuurlijk niet.
Daarbij komt, dat die personen die ik als voorbeeld stelde, in werkelijkheid heel andere mensen zijn. Door de media wordt geprobeerd aan deze mensen allerlei eigenschappen toe te dichten, zodat zij als ideaal kunnen worden beschouwd.

De filmster en de stervoetballer van het genoemde voorbeeld weten zelf ook wel dat zij niet aan het van hen geschapen beeld voldoen, maar het publiek ziet dat dus anders.
Belangrijk is te weten, dat geschetste persoonlijkheidsbeelden van anderen meestal niet de ware personen weergeven.
Beter zou zijn als de aangehaalde filmster en voetbalster wel de kans zouden krijgen een reëel beeld van zichzelf te tonen. Iedereen zou dan kunnen waarnemen met wie zij werkelijk te maken hebben.
Mensen leiden veelal een leven dat voor henzelf de werkelijkheid is, maar als zij zich daarin zouden verdiepen, dan zal blijken dat alles op schijn is gebaseerd.
In het verblijf op aarde willen de mensen zo goed mogelijk naar buiten treden, en vooral hun zwakheden niet laten zien. Het is niet sterk om jouw zwakheden te tonen, doe dat dan ook niet, is de heersende mening. Het tegendeel is waar!
Iemand die het lef heeft zijn zwakheden te laten zien, komt juist sterk over.
Het feit dat iemand zijn zwakheden laat zien betekent, dat hij werkelijkheidszin heeft en dat hij zichzelf heeft geaccepteerd zoals hij is. En daar gaat het om. Jezelf accepteren zoals je bent en niet zoals je zou willen zijn, want dit laatste is allesbehalve de werkelijkheid.
Als je jezelf kunt accepteren zoals je bent met al jouw zwakke en goede kanten, ben je al een heel eind gevorderd met jouw bewustwording.
Je zult gaan merken dat het leggen van contacten ook eenvoudiger wordt, want je bent gewoon jezelf.
Anderen vinden dat ook erg prettig, omdat zij weten waar zij bij jou aan toe zijn, en in het leven gaat het om duidelijkheid.
Hoe duidelijker je bent in al jouw handelen des te makkelijker het leven wordt.

Het is ook onjuist om te denken als je eenmaal een levenspartner hebt gevonden dat het leggen van andere relaties er niet meer toe doet.
Het leggen van relaties in het menselijk leven blijft van het begin tot het eind belangrijk, of beter gezegd essentieel.

Wat is nu de functie van het hebben van een levenspartner?
Veel mensen denken dat het beter is om zonder al die sores van die ander te leven, en kiezen daarom bewust voor het alleenzijn. Dat is jammer, omdat die levenspartner zoveel kan toevoegen aan het leven.
Maar nu eerst; hoe kies je een levenspartner?
Velen denken dat een snelle keuze belangrijk is. Ze willen niet overblijven en iemand die veel relaties heeft gehad, zal wel niets zijn. Iedereen kiest op zijn eigen manier en in zijn eigen tempo en gebruikt zijn eigen inzichten.
Maar om tot een goede keuze te komen is het belangrijk dat men zich realiseert, dat het naar de ander kijken niet voldoende is.
Het gaat erom die ander in het eigen leven toe te laten, en te kijken hoe je daar zelf op reageert. Dit laatste houdt in, dat je op enige afstand naar jouw eigen relatie moet kunnen kijken en kunnen waarnemen wat er met jou en die ander gebeurt als jullie met elkaar samen zijn. Die ander zal zijn eigen persoonlijkheid moeten laten zien, zodat jij die kunt vergelijken met die van jou.
Steeds zul je jezelf af dienen te vragen of je bepaalde gedragingen van die ander kunt accepteren, en of die gedragingen bij je passen. Met andere woorden; voelt het goed met die ander in mijn omgeving, of voel ik alleen maar spanning. Kan ik mezelf zijn met die ander in de buurt. Deze vragen dien je jezelf steeds te stellen in de beginperiode.

Het accepteren van de ander moet vanzelfsprekend zijn, het moet je geen moeite kosten, dan ben je op de goede weg. Het vooral eerlijk zijn naar jezelf en naar die ander is van essentieel belang.
Heb je eenmaal die keuze gemaakt, probeer er dan wat van te maken. Een goede relatie komt niet uit de lucht vallen, er zal aan gewerkt dienen te worden. Hoe meer je je daarvan bewust bent, des te beter dat is. En bedenk, het aanpassen aan elkaar kan nooit van één kant alleen komen. Het is een wetmatigheid, dat in een relatie die goed is beide partijen in gelijke mate geven en nemen. Wordt hiervan afgeweken dan is het einde van de relatie in zicht.

Het is mijn bedoeling dat de mensen die op aarde leven gelukkig worden en dat ook blijven.
Ik heb jullie laten zien hoe dat in zijn werk gaat en jullie hebben je dat maar voor een gedeelte gerealiseerd. Er zijn inderdaad gelukkige mensen op aarde, maar de groep die ongelukkig is en alleen maar bezig is met overleven, is nog steeds veruit in de meerderheid.
Jullie willen dit veranderen en ik wil dat uiteraard ook, maar jullie zullen hiervoor zelf de voorwaarden moeten scheppen. Vandaar dat het zo belangrijk is dat jullie je gaan realiseren, dat jullie daarvoor de handen uit de mouwen moeten gaan steken.

Hoofdstuk 10

Jullie hebben een vrije wil gekregen en kunnen daarmee alles bereiken wat jullie willen

Hoe meer mensen gaan inzien dat die vrije wil gebruikt kan worden om met elkaar iets tot stand te brengen, des te beter het is.
Daarom hameren wij steeds op het bewust gaan leven. Daarmee ga je inzien dat je niet wordt geleefd, maar dat je het heft zelf in handen kunt nemen.
Je kunt de gebeurtenissen zelf beïnvloeden en met hoe meer mensen je bent des te meer je tot stand brengt.
Zijn de uitgangspunten positief en onzelfzuchtig, dan zullen jullie je doel altijd bereiken.
Zodra jullie dat gaan inzien, gaat de verandering sneller en sneller.
Wij wachten hier al zolang op en zullen nu gaan meemaken dat het gerealiseerd gaat worden.

Sla de handen ineen en ga op weg!

Bedenk dat zelfzuchtigheid alles afbreekt wat met moeite is opgebouwd. Focus daarom op onzelfzuchtigheid. Bezit is niet belangrijk als het het individu aangaat, want alles wat nodig is om te leven, is op aarde aanwezig.
Ik zorg daarvoor en jullie dienen dat in te zien.
Niemand bezit iets hier op aarde, het is van jullie allemaal, alles.
Deze uitspraak is voor vele mensen nog onbegrijpelijk, maar als zij zich het leven meer bewust worden, zal het ze duidelijk worden.

Dus blijven denken aan de werkelijkheid, en dat beleven en dat uitdragen. Doe je dat, dan leef je bewust en dan kom je verder met het verkrijgen van inzicht.

Wij gaan nu weer even terug naar de relaties in algemene zin die mensen hebben.
Dus naast het hebben van een relatie met een vaste partner, zijn relaties met anderen erg belangrijk. Die relaties met anderen zijn van een andere aard dan die met de vaste partner. De relatie met de vaste partner is bedoeld om jezelf te leren kennen en dat geheel tot uitdrukking te brengen. De relaties met anderen hebben tot doel samen iets tot stand te brengen in welke vorm dan ook.
Het jezelf leren kennen speelt hier ook een rol, maar het scheppend bezig zijn is belangrijker.
Ook in deze relaties geldt dat het zelfzuchtig bezig zijn geen resultaten oplevert, al lijkt dit in eerste instantie juist wel het geval. Alles richt zich dan op het zelf en dan gebeuren er eerst dingen die het zelf ten goede komen. De waarnemingen van de medemens zijn er in eerste instantie nog niet op gericht om de zelfzuchtigheid te registreren. Echter na verloop van tijd gaat het zelfzuchtige optreden wel opvallen en keert de medemens zich tegen je.
Dit kan op een zeer subtiele wijze gebeuren, waardoor het nauwelijks opvalt.
Uiteindelijk lukt het degene die hoofdzakelijk ten eigen bate bezig is niet meer vooruit te komen. Jammer is dat de persoon in kwestie het niet ziet en dus denkt dat anderen hem die problemen bezorgen. Zou hij de werkelijke oorzaak inzien, dan wordt hij op zijn minst aan het denken gezet.
Het gaat er dus iedere keer om, dat door de gebeurtenissen die de mensen in hun leven meemaken, de mensen gaan inzien wat het gevolg van hun handelen is.

Realiseert de mens zich dat, dan gaat hij zich van tevoren beter instellen op het te bereiken resultaat. Hij leert dat hij zelf wel degelijk invloed kan uitoefenen op het te bereiken resultaat.
Hoe meer mensen dit gaan inzien, des te beter dit is voor het leven op aarde.
Dus bewustzijn leidt tot zelfkennis en tot het begrip, dat resultaten door handelen beïnvloed kunnen worden.
Hoe groter de groep mensen die op deze wijze gaat leven, des te meer er tot stand wordt gebracht ten aanzien van het welzijn en van de levensomstandigheden in het algemeen van de mensen op aarde. Want zoals al een aantal keren is herhaald, van alles is op aarde voldoende en wel voor iedereen.

Wij gaan nu verder met een ander onderwerp;
De plaats die de mens inneemt in het rijk van de levende wezens op aarde. De mens gaat er zelf vanuit dat hij heerser is op aarde, en dat alle levende wezens aan hem ondergeschikt zijn.
De mens heeft, wat zijn zintuigen en bouw betreft, de meeste mogelijkheden om voor zichzelf een prachtig leven op aarde te creëren. Echter wat de mens is vergeten, is dat hij samen met andere wezens op die aarde leeft en dat die andere wezens net zoveel recht hebben op een goed leven als de mens.
Het bewustzijnsniveau van de mens is het grootste en daarom is het mijn bedoeling dat de mensheid op aarde het leven op aarde zo goed mogelijk organiseert.
De mens heeft daarbij een eigen wil gekregen en kan dus naar eigen inzichten dat leven op aarde voor alle wezens organiseren.
Tot nu toe is het nog niet zo georganiseerd op aarde, dat ieder wezen maximaal tot zijn recht komt.
De mens zal zich gaan realiseren, als hij bewuster gaat leven, dat hij vooral een dienende taak heeft bij het inrichten van de aarde.

Ook hier geldt weer, voor iedereen is er plaats en met iedereen wordt bedoeld de mensenwereld, de dierenwereld en de plantenwereld.
De beste resultaten worden bereikt met een zo goed mogelijk evenwicht.
Ook hier komt weer naar voren, dat een goed evenwicht wordt bereikt door een onzelfzuchtige opstelling. Degenen met het grootste bewustzijn mogen de aarde evenwichtig inrichten.
Dat wil zeggen dat de mens de aarde mag inrichten, maar dat hij dat onzelfzuchtig doet.
Door het zelfzuchtig optreden van de mens is er aan de dierenwereld en de plantenwereld veel schade toegebracht. Wij vinden dit erg jammer, omdat gezien alle mogelijkheden die de aarde biedt, dit had kunnen worden vermeden.
Langzaam maar zeker wordt de mens zelf wakker, lees bewust, en gaat aan het werk om de schade te beperken en te herstellen.
Met name oudere mensen realiseren zich niet, dat een andere opstelling van de mensheid noodzakelijk is om verder te komen.
Jongeren zien in dat er wat zal dienen te veranderen. Hun opstelling begint nu al vruchten af te werpen, al worden zij door de ouderen nog niet goed begrepen.
Echter de jongeren zullen door deze opstelling goede resultaten gaan bereiken, mede geholpen door degenen die al bezig waren in genoemde richting.
De mensen dienen zich te realiseren dat de weg naar een positievere en betere samenleving op aarde reeds is ingeslagen, en dat het onmogelijk is dit weer terug te draaien.
Hetzelfde geldt voor krachten die nu weer denken aan een nieuwe wapenwedloop. Dit ligt achter jullie en begint niet weer opnieuw. De inspanningen die op dit gebied worden verricht, hebben alleen maar meer weerstand tot gevolg.

Hoe harder aan die inspanningen wordt vastgehouden, des te groter die weerstand is.
Macht kent zijn beperkingen, hiervan zijn nog maar weinig mensen zich bewust.
Omdat regeringen door middel van wilsoplegging hebben kunnen bestaan, zien zij niet in wat er gaat gebeuren, als de onderdanen zich massaal afwenden van die regering.
Gebeurt dit, dan is de macht van een regering in een oogwenk verdwenen. Hetzelfde geldt voor macht van directies van grote bedrijven.
Geleerd zal dienen te worden dat niemand iets over een ander te vertellen heeft.
Iedereen maakt zelf uit wat er met hem gebeurt. Wordt de mensheid bewuster van zichzelf, dan wordt het handhaven van de macht steeds moeilijker, totdat het niet meer lukt.
Overtuiging van de ander gaat dan alleen nog op basis van reële argumenten.
Die argumenten dienen dus te stoelen op waarheden en niet op verzinsels. Want dit laatste wordt snel doorzien. Wordt dit laatste ingezien dan gaat de afbrokkeling van de macht alleen nog maar sneller.
De mens wordt door dit proces als het ware geheel op zichzelf teruggeworpen. Op een bepaald moment weet hij niet meer wat nu wel en wat nu niet kan worden geloofd.
De behoefte om zelf op onderzoek uit te gaan wordt dan groter, en uiteindelijk neemt de mens alleen iets aan als hij de berichtgever volledig vertrouwt.
De saamhorigheid van de mensen zal hierdoor gaan toenemen en zij worden zich bewust van hun sterkte als groep.
Ook zal blijken dat groepen met onzelfzuchtige uitgangspunten de beste resultaten behalen en het meest serieus genomen worden.

Mensen worden **reëler** in hun gedrag en zijn eerlijker en betrouwbaarder. Goed gedrag loont, immoreel gedrag breekt af. Goed gedrag is gedrag dat de medemens in zijn wezen niet schaadt en uitgaat van het respect voor de medemens.
Goed gedrag wordt door de meerderheid van de mensen in praktijk gebracht, waardoor de inrichting van de aarde minder hiërarchisch wordt.
Het is dus niet meer nodig om aan mensen leiding te gaan geven, omdat zij zelf wel weten wat er gedaan moet worden. Hierdoor komt alles op zijn kop te staan.
Regeringen verliezen macht en keren niet terug. Staatsbestellen verdwijnen, grote bedrijven vallen uiteen. Alles wordt anders.
Mensen gaan dus heel anders met elkaar om. Men vertrouwt elkaar en daarom is toezicht niet meer nodig.
Agressief gedrag wordt hierdoor afgebouwd, de zo vrijkomende energie wordt gebruikt om te scheppen. Dit alles speelt zich af in de komende decennia.
Velen die de veranderingen niet kunnen volgen, zullen van de aarde verdwijnen. Voor hen zal een andere planeet worden ingericht, waar zij kunnen leren hoe zij verder kunnen met hun bewustwordingsproces.
Degenen die van de aarde afgaan, hebben wat meer tijd nodig om het genoemde zich eigen te maken. De situatie op aarde gaat zoals gezegd veranderen en uitstel is niet meer mogelijk. Vandaar genoemde oplossing. Bedenk goed dat degenen die meer tijd nodig hebben mij even lief zijn als degenen, die wel begrepen hebben hoe de aarde zich verder ontwikkelt.

Het leven op aarde verandert dus en dat betekent eveneens dat de levensduur van de mens sterk gaat toenemen. Leeftijden van 150 tot 200 jaar worden heel gewoon.

De aftakeling van de lichamen gaat ook veel langzamer, zodat iemand op hoge leeftijd nog zeer actief kan zijn.
De lichamen van de mensen die nu al op aarde leven en meegaan naar de nieuwe tijd, ondergaan een verjonging. Dit proces gaat vanzelf, hiervoor hoef je niets te doen.
Het herstelvermogen van het menselijk lichaam wordt ook veel groter en er zullen steeds minder ziektes voorkomen.
De geneeskunde zal eerst verbeteren en daarna totaal gaan veranderen. De mens wordt zijn eigen genezer.

Hoofdstuk 11

Het leven in het 'hiernamaals'

Wij gaan verder met een ander onderwerp. Wat te denken van een nieuw fenomeen; het leven in het hiernamaals?
Zoals reeds eerder vermeld gaan de mensen op aarde dood.
Velen zijn bang voor de dood, omdat zij denken als zij niet goed hebben geleefd, er door de God, dus door mij straffen worden uitgedeeld.
Hoe ernstiger de overtredingen op aarde, des te harder wordt er door mij gestraft.
Om hierop nogmaals terug te komen, ik deel geen straffen uit, omdat ik dat niet wil.
Het is de bedoeling dat de mens er zelf achter komt wat voor leven hij heeft geleid. Hij zal moeten inzien welke gevolgen het leven heeft gehad voor zijn medemensen en uiteraard voor hemzelf.
Van dat inzicht zal de mens moeten leren. Dit leren houdt feitelijk invoelen in. Hoe beter de mens kan invoelen wat bepaalde beslissingen voor gevolgen hebben gehad voor hemzelf en anderen, hoe beter het is. Dat invoelen maakt dat beslissingen zorgvuldiger worden genomen.
De mens dient daarop bij het nemen van beslissingen niet alleen rekening te houden met zichzelf, maar ook met anderen. Beide kanten dienen bij het nemen van beslissingen met elkaar in balans te zijn. Daarom is de uitspraak, wie niet goed voor zichzelf kan zorgen, kan ook niet goed voor anderen zorgen, erg belangrijk en waar.
In het hiernamaals is alles beter in evenwicht dan op aarde, omdat dit opgedeeld is in zeven sferen die overleden mensen her-

bergt, die zich qua ontwikkeling op hetzelfde niveau bevinden. Hoe hoger de sfeer, des te verder de ontwikkeling is van de overleden mens, verder aangeduid als entiteit. Entiteiten in de eerste sfeer blijven als het ware om de aarde heen hangen. Zij hebben moeite het aardse leven los te laten. Een aantal denken dat zij nog leven, al is dit natuurlijk niet zo. Zij kunnen niet worden waargenomen door de mensen die op aarde leven. Zij proberen echter steeds met de op aarde levende mensen in contact te komen. Om dit te bereiken proberen zij gebruik te maken van de menselijke energie op aarde.
Het is echter de bedoeling dat deze entiteiten gaan inzien dat zij de aarde gaan loslaten. Omdat zij zelf moeite hebben met het loslaten van de aarde, worden zij geholpen door entiteiten uit hogere sferen. Vaak zijn dit entiteiten die zich al veel verder ontwikkeld hebben. Deze entiteiten benaderen de entiteiten die zich vlakbij de aarde bevinden, en proberen hen te overreden de aarde los te laten en mee te gaan naar een hogere sfeer.
Dwingen om mee te gaan kunnen ze die entiteiten niet, die moeten zelf willen.
Soms duurt het jaren en jaren voordat een entiteit zich laat overhalen verder te gaan.
Deze zich vlakbij de aarde bevindende entiteiten proberen het werk van de entiteiten uit hogere sferen te bemoeilijken door intuïtief naar de mens verzonden informatie te verdraaien.
Omdat de aarde staat voor een positieve omslag, wordt het voor de entiteiten die vlakbij de aarde zweven steeds moeilijker die intuïtieve informatie, die gericht is op de mensheid, te verstoren.
Het werk van entiteiten uit hogere sferen wordt gelukkig gemakkelijker en daardoor wordt het ontwikkelingsproces dat de aarde nu doormaakt versneld. Die versnelling gaat als een sneeuwbal.

Een belangrijke vraag van jullie zal zijn, hoe zit het dan met de mensen op aarde, kunnen die genoemde ontwikkeling bijhouden?
Het antwoord is ja.
Waarom? Omdat de overgrote meerderheid van de mensen die zich nu op aarde bevinden, heeft gekozen voor dit leven. Zij hebben ervoor gekozen de aarde verder te helpen in haar ontwikkeling.
Hoe komt het dan, dat er toch nog tegenwerking is op aarde bij de verdere ontwikkeling?
Zijn er negatieve elementen die proberen die positieve omslag tegen te houden? Ja, die zijn er wel degelijk. Wij hebben hier te maken met mensen die een kans hebben gekregen door middel van een wedergeboorte op aarde hun leven te beteren. Zij hebben zich, voordat zij geboren werden, voorgenomen hun leven een positieve wending te geven. Dit zijn mensen afkomstig uit de lagere sferen om de aarde die zelf aangaven dat zij zich verder wilden ontwikkelen door middel van een leven op aarde.
Voor deze mensen is het leiden van een positief leven erg moeilijk, omdat zij nog niet voldoende inzicht hebben hoe zij een positief leven zouden moeten leiden.
Daarom is het heel goed te begrijpen dat zij weer terugvallen in hun oude bekende patroon, waarin zelfzucht de boventoon voerde. Zij denken dat zij zich door een zelfzuchtige opstelling beter voelen dan mensen die dat niet doen.
Omdat iedereen van mij de kans krijgt inzicht te krijgen hoe je het gelukkigst kunt leven, wordt er voor deze mensen een nieuwe mogelijkheid geschapen om zich in hun eigen tempo verder te ontwikkelen. Hoe kan dit, zullen jullie je afvragen.
In het universum zijn triljarden planeten die bewoond worden en waar elk niveau van inzicht voorkomt. Jullie denken dat jullie hier op aarde de enigen zijn, maar dat is niet zo.

Er zijn planeten waar mensen wonen die al veel verder zijn met hun inzicht dan jullie.
Op deze planeten heersen paradijselijke toestanden, echter die zijn ook bereikt na vallen en opstaan. Nu is er een punt bereikt, dat de ontwikkeling van de aarde een sprong vooruit maakt. Van terugval is geen sprake meer. Die vooruitgang wordt ondersteund door entiteiten uit de hogere sferen, vanaf niveau vier die op intuïtieve wijze in contact staan met mensen op aarde.
En wie kunnen dan die informatie van die entiteiten opvangen? Eigenlijk kan iedereen dat. Echter mensen die bewust leven kunnen dat beter, veel beter zelfs, dan mensen die niet bewust leven. Die bewust levende mensen doen er ook alles aan om de aarde vooruit te helpen.
In eerste instantie lijkt het erop dat er maar langzaam vorderingen worden gemaakt. Dat lijkt er dus maar op.
Eerst zal het een en ander anders dienen te worden georganiseerd, waarbij alle hiërarchische structuren zullen worden ontbonden. Dit proces is reeds in gang gezet. Hierover later meer.
Eerst nog even terug naar de sferen. De entiteiten in de sferen doen ook steeds meer kennis op en gebruiken die kennis weer in het voordeel van de aarde.
Met andere woorden, in de sferen ontwikkelen de entiteiten zich verder. Het gaat hier met name om inhoudelijke ontwikkelingen en niet zozeer om sociale ontwikkelingen.
Voor sociale ontwikkelingen moet je op aarde zijn, omdat hier alles door elkaar heen loopt.

Wij willen zo langzamerhand komen bij het onderwerp waar dit boek over gaat en dat is een gesprek tussen Rienk, die al 16 jaar overleden is en mij, de Bron van alles dat is en dat zal zijn.

Rienk bevindt zich nu in de hoogste sfeer. Hij heeft alle inzichten opgedaan die nodig zijn om de mensheid op aarde maximaal bij te staan. Hij heeft op aarde een leven van strijd gehad, toch was het voor hem erg moeilijk om afscheid te nemen van het aardse leven. Hij dacht, dat hij op aarde nog een heel leven voor zich had, en hij had zich daarop volledig ingesteld.
Rienk heeft geleefd van 9 september 1982 tot 18 mei 1985.
Allereerst gaan wij nu wat vertellen over het proces van het verlaten van de aarde.
Wij hebben net gezegd dat op 18 mei om 22.45 uur het lichaam van Rienk ophield te functioneren. Dat lichaam was door ziekte volkomen onbruikbaar geworden om verder te leven.
Rienk had er eerst dus moeite mee om bij zijn lieve ouders en zusje weg te gaan. Hij begreep er niets van. Hij had gevochten als een leeuw en nu was alles voor niets geweest. Dat dacht hij tenminste. Niets is voor niets geweest en dat weet Rienk nu al te goed. Hij ging over naar de voor de mens onzichtbare wereld en kwam erachter dat daar ook weer mensen, of beter gezegd entiteiten waren.
Al die entiteiten die zich in die wereld bevinden, zijn mens op aarde geweest.
Voor sommigen was dat erg lang geleden, voor anderen is dat pas geleden. Wat was de reden dat Rienk maar zo kort heeft geleefd? Rienk heeft zoals gezegd vele, vele levens gehad. Hij heeft door die levens een groot inzicht gekregen. Belangrijk daarbij was dat vergeving een steeds terugkerende eigenschap is die de mens moet leren gebruiken. Het gaat om vergeving naar jezelf toe en naar anderen.
In het laatste leven dat Rienk heeft gehad, hebben mensen Rienk veel aangedaan in de vorm van zeer pijnlijke behandelingen, negatieve uitspraken, enzovoorts.

Rienk moest leren om dit die mensen te kunnen vergeven, en om zichzelf te vergeven dat hij een voorgenomen leven met allerlei doelen en taken in zijn ogen niet heeft kunnen realiseren.
Hij wilde dat leven erg graag, alleen waren de uitgangspunten zodanig, dat hij het nooit had kunnen volbrengen. Hij wist dit wel, maar dacht als ik eenmaal op aarde ben, dan lukt het mij toch wel om met dit lichaam verder te leven. Hij heeft er zich bij moeten neerleggen dat hij niet verder kon, en dat heeft hij zichzelf nu ook vergeven.
Rienk is nu iemand met een volleerd inzicht.
Hij kent alle aspecten van het menselijk leven, omdat hij die allemaal zelf heeft doorleefd in de vele levens die hij heeft gehad. Het doet er niet toe om precies het aantal levens aan te geven dat hij op aarde heeft gehad, omdat daar geen gemiddelde voor bestaat. Iedereen verkrijgt zijn inzicht in zijn eigen tempo.
Rienk bevindt zich nu in de meest verlichte sfeer en gaat regelmatig naar de aarde om daar de mensen te helpen met hun verdere ontwikkeling. Hij weet dat die hulp veel geduld vergt en dat je steeds opnieuw de mensen moet voorhouden, dat het leven op aarde de moeite waard is om geleefd te worden.
Mensen willen ook graag geholpen worden als zij het inzicht hebben gekregen dat zij niet alleen voor hun problemen staan. Bij deze mensen rijzen ook veel vragen op, die betrekking hebben op de te verlenen hulp.
Hoe komt die hulp tot stand?
Wie geeft hulp aan wie?
Worden wij uitgekozen?
Ken ik degene die mij hulp verleent?
Is hij of zij altijd bij mij als ik hulp nodig heb?

Deel 2

Het gesprek tussen Rienk en mij,
de Bron van alles dat is en dat zal zijn

Inleiding

Kan ik voelen, als ik hulp krijg of merk ik er niets van?
Wanneer merk ik dat ik op de goede weg ben en wanneer als ik verkeerd zit?
Kan ik zelf nog andere hulpverleners, begeleiders, uitkiezen?
Al deze vragen en nog veel meer komen aan de orde in de nu volgende tekst.
Het is de bedoeling dat er antwoorden worden gegeven door Rienk en door mij, God, de Bron van alles dat is en dat zal zijn.
Het gebeurt dat er een discussie ontstaat tussen Rienk en mij, hoe zaken aangepakt dienen te worden.
Uitgangspunt is en blijft steeds dat de mensheid op aarde een eigen wil heeft en dat daarin niet getreden kan en mag worden.
Niet door Rienk en niet door mij, de Bron van alles dat is en dat zal zijn.
En dan nu het gesprek…

Het gesprek

Dit gesprek gaat tussen Rienk en mij, de Bron van alles dat is en dat zal zijn

De eerste vraag die bij Rienk opkomt is de volgende:
Hoe weet ik dat ik op de juiste manier bezig ben met het verlenen van hulp aan mensen? Want het zou kunnen zijn dat de mensen op aarde denken dat onze manier van het verlenen van hulp inhoudt, dat wij mensen op allerlei manieren proberen te winnen voor onze inzichten.
En wat zijn dan die inzichten? Zijn die beter dan die van de mensen op aarde?
Waar halen wij die wetenschap vandaan?
Ik, Rienk, geef alleen hulp als ik zie dat mensen op aarde met een probleem zitten.
Dit probleem kan zijn ontstaan, omdat een persoon een bepaald doel wil bereiken, terwijl hij daarbij veel moeilijkheden ondervindt.
Waar het altijd om gaat is, dat de doelen een realiteit dienen te vertegenwoordigen en dat zij bijdragen aan het welzijn van de mensheid in het algemeen.
De weg waarlangs dat doel bereikt gaat worden dient te stoelen op eerlijk gedrag. Dat wil zeggen, er wordt geen schade aangericht aan de medemens en de persoon in kwestie zelf. En het doel dient te passen in het totaal der doelen te bereiken op aarde. Met andere woorden, als een mens een doel wil bereiken vanuit een hebzuchtige instelling waarbij bijvoorbeeld ook wraakzucht aan ten grondslag ligt, dan zal de hulpverlening zich niet richten op het realiseren van dat doel.

Eerder zal er geprobeerd worden die persoon inzicht te verschaffen in de wijze waarop hij bezig is, en dat dit niet tot resultaten leidt.
Wij gaan er dus altijd vanuit dat de doelen die de mensen willen nastreven dienen te leiden tot een positieve bijdrage aan de aarde.
Meteen komt de vraag, wie oordeelt dan over het te bereiken doel? Uitgangspunt is steeds de gedachtenwereld van de mens zelf.
En nu laat ik de Bron aan het woord:

De Bron van alles dat is en dat zal zijn:
Het Universum is zodanig samengesteld dat alles twee kanten heeft. In ieder geval dat er op twee manieren iets kan worden waargenomen.
Het waarnemen van die twee kanten kan de mens uiteraard ook.
De mens heeft het dan over goed en slecht, licht en donker, positief en negatief, vrolijk en verdrietig, enzovoorts, enzovoorts.
In het Universum is het overzicht veel groter dan de mens kan waarnemen.
Door de samenstelling van alle karakters van de mensen op aarde liggen in zeer grote lijnen de gebeurtenissen al vast.
Individueel kan de mens variëren op de wijze waarop hij op die gebeurtenissen reageert. Daarom is het bij mij reeds bekend hoe de mensen gaan reageren in grote lijnen.
Dat maakt dat het geven van hulp ook goed mogelijk is, omdat ik weet waar de mens gaat uitkomen.

Bedenk steeds, het is de bedoeling dat de mens **zelf** zijn inzicht vergroot. Vandaar dat de hulp nooit inhoudt dat het probleem even voor de mens wordt opgelost.

De hulp ligt hoofdzakelijk in het vereenvoudigen van het krijgen van inzicht.
Het doel moet dus altijd integer zijn en dat kunnen wij makkelijk waarnemen.
Hoe meer mensen hun inzicht vergroten des te gemakkelijker het wordt voor Rienk en mij om hulp te verlenen.
Echter er wordt doorgaans vanuitgegaan, dat de mens zich ontwikkelt in een stijgende lijn. Meestal stijgt die lijn wel, maar de mens heeft ook te maken met een terugval.
Worden de problemen te groot, dan heeft de mens de neiging om een andere weg te gaan kiezen. De aanvankelijke bedoeling was om op een integere manier een bepaald doel te bereiken. Dit blijkt niet te lukken in de ogen van de betreffende persoon. Hij kiest dan voor de minder integere weg en merkt dat zijn doel toch wordt bereikt.
Het gevoel dat die persoon daarvan heeft gekregen is dat van iemand, die niet geheel gelukkig is met het behaalde resultaat.
Staat die persoon ver van zichzelf af, dan zal hij helemaal niets voelen.
Geprobeerd wordt door ons om langs intuïtieve weg die persoon duidelijk te maken dat er iets niet goed is gegaan. Hoe groter het inzicht van die persoon, des te meer hij openstaat voor het gevoel dat hij daarbij krijgt.

Rienk:
Wij zijn daarom steeds bezig mensen duidelijk te maken hoe zij hun doel het beste, met de beste gevoelens, kunnen bereiken.
Die hulp die wordt gegeven vergt een grote betrokkenheid van de hulpverlener.
Die betrokkenheid houdt in, dat wij de persoon die wij helpen door en door kennen.

Zijn karakter is voor mij een open boek.
Het is niet altijd zo dat ik weet waar die persoon uitkomt.
Dit ligt aan het feit, dat die persoon voor zichzelf nog niet duidelijk heeft waar hij naar toe wil. Soms heb ik niet voldoende overzicht en wend ik mij tot de Bron van alles dat is en dat zal zijn, die het totale overzicht wel heeft.

De Bron van alles dat is en dat zal zijn:
Zoals gezegd heb ik een totaal overzicht van de dingen die gaan gebeuren. Dit is veel gedetailleerder dan dat van de hulpverleners zoals Rienk.
Waarom is dit zo? Als alles direct bekend zou zijn bij Rienk, zou hij bij bepaalde personen meteen kunnen zien waar die naartoe gaan en geen hulp meer verlenen.
Het kan namelijk zijn, dat gaandeweg de hulp de persoon een andere keuze maakt en toch goed uitkomt. De weg waarlangs iemand bij een bepaald doel komt kan soms ook goed zijn.
Zelfs kan het zijn dat het doel op zich niet verheven is, maar soms kan de persoon in kwestie daar niet altijd wat aan doen. Een te bereiken doel kan namelijk in de ogen van de persoon in kwestie wel positief zijn, omdat hij de andere elementen niet kan overzien.
Hier heb ik het gehad over de weg die wordt afgelegd om het doel te bereiken.
Het kan zelfs zijn dat de weg voor die persoon belangrijker is dan het doel.
Ik ben mij er volledig van bewust dat dit de uitleg niet eenvoudiger maakt.

Rienk:
Inderdaad dit is een complicerende factor. In het begin had ik ook moeite met dit punt, nu begrijp ik het wel.

De wereld is er een van grijstinten en dat maakt de uitleg er niet gemakkelijker op.

Rienk:
Het verdriet dat mensen hebben als iemand is overleden, is afhankelijk van de wijze waarop zij met die persoon zijn omgegaan.
Natuurlijk zul je zeggen, dit is logisch en dat is het ook. Maar er zit toch nog een andere kant aan de intensiteit van het verdriet. Ik heb zelf ondervonden dat, toen ik overleden was, mijn moeder erg veel verdriet daarover heeft gehad. Zij had het gevoel dat een stuk van haarzelf was doodgegaan. Het verdriet dat bij haar loskwam was voor mij erg moeilijk te verdragen, omdat ik zelf vond dat ik had gefaald. Echter het verdriet van mijn moeder had nog een ander gevolg. Zij voelde zich zo intens met mij verbonden, dat zij mij niet los kon laten.
Dat niet loslaten vond ik eerst erg moeilijk, omdat ik wist dat mijn weg verder zou gaan, los van mijn moeder. Van de ene kant begreep ik haar wel, aan de andere kant wilde ik juist verder gaan met mijn ontwikkeling.
Het heeft mijn moeder veel tijd gekost om in te zien dat de binding die je voelt met iemand die uit je geboren is, er is zolang je op aarde bent. Zodra je bent overgegaan naar de andere, onzichtbare wereld ben je weer vrij. Vrij van jouw lichaam en vrij van jouw aardse contacten.
Nu ben ik weer helemaal vrij van alle contacten die ik op aarde had. Dat betekent overigens niet, dat ik geen interesse zou hebben voor mijn familie die ik op aarde had.
Integendeel, hun lot is mij zeer toegedaan, echter ik sta los van hen. Omdat ik er los van sta, kan ik veel beter helpen. Ik zie de dingen zoals ze zijn en niet door een beïnvloede bril.

Want het is erg belangrijk dat de hulp die ik bied zo integer mogelijk is. Het is de bedoeling dat er op zo'n manier wordt ondersteund, dat de mensen die zich op aarde bevinden kunnen werken aan het vergroten van hun inzicht.
Ik herhaal dit punt nogmaals, omdat het zo essentieel is voor ons, hulpverleners, om op deze manier te werken.

De Bron van alles dat is en dat zal zijn:
Het vergroten van het inzicht van de mens is en blijft het belangrijkste punt.
De hulpverlening van ons is hierop geheel afgestemd. De hulpverlener moet er dus steeds voor oppassen, dat hij het leven van iemand niet gaat leven. Hij biedt slechts ondersteuning. Vandaar dat alles wat op aarde gebeurt niet de verantwoordelijkheid is van degene die ondersteunt, maar van de mensen op aarde zelf.
Uiteindelijk hebben de mensen de loop der gebeurtenissen op aarde allemaal zelf in gang gezet, zodat deze konden plaatsvinden. Dat die initiatie van de gebeurtenissen niet altijd bewust is geweest, daarmee ben ik het volkomen eens.
En dan komen wij weer terug bij af.
Zodra meer mensen zich gaan realiseren dat zij zelf grote invloed op de gebeurtenissen kunnen uitoefenen als zij op een goede manier gaan samenwerken, dan gaan de gevolgen van die gebeurtenissen ook minder ingrijpen in het menselijk bestaan.
Dit verhaal doet denken aan het kip en ei probleem. Was er nu eerst het ei en dan de kip, of was de kip eerst geschapen en toen kwam er het ei, waardoor de kip zich kan voortplanten.
Het eerst waren er de mensen. Echter om te kunnen leven hebben de mensen voedsel nodig. Dat voedsel dient gezocht en geproduceerd te worden, en dit kan de mens individueel gaan doen of samen.

Zodra de mens een activiteit gaat ontplooien is hij oorzaak van een gebeurtenis. Echter de werkelijke oorzaak van die gebeurtenis is, dat de mens honger heeft en daarom voedsel gaat zoeken en/of produceren. Hiermee wil ik aangeven dat de oorzaak van een gebeurtenis soms erg ver terug kan liggen.
Het dagelijkse leven op aarde is door allerlei situaties oneindig veel ingewikkelder geworden.
Een groot probleem is dat veel mensen de draagwijdte van de beslissing tot een bepaalde handeling niet kunnen overzien. Laat staan dat zij de gevolgen van hun beslissingen kunnen inschatten. Om bewuster te leven is het van belang dat mensen meer gaan nadenken over de handelingen die zij verrichten. Te beginnen bij de kleinste handeling. Laten wij zeggen het klaarmaken van het eten. Want het tot jullie nemen van voedsel.
Is essentieel voor jullie. Hierbij komt al heel wat kijken.
Ten eerste hoe kom ik aan voedsel, met andere woorden, wat eet ik graag en waar vind ik het? Dan, wat mag het kosten?
Daarna, hoe en wanneer ga ik het halen?
Hoe en wanneer ga ik het klaarmaken?
Met wie ga ik het opeten en wanneer doe ik dit? Of eet ik alleen?
Op al die vragen zal een antwoord moeten komen. Doe ik dat niet, dan kan ik niet verder met mijn activiteit. En zo gaat het eigenlijk met alles wat de mens doet.
Ga steeds bij jezelf na wat je aan het doen bent en probeer je bewust te worden van elke handeling die je verricht. Hoe bewuster je je daarvan bent, hoe beter het is.
Je gaat dan inzien welke invloed de door jou genomen beslissingen hebben op het resultaat dat je wilt bereiken.
Ga steeds een stapje verder met het je bewust worden van de te nemen beslissingen in jouw dagelijkse leven. Koppel die beslissingen naar jezelf terug.

Denk er eens over na hoe je tot een bepaald resultaat bent gekomen. Wat waren bijvoorbeeld de invloeden van anderen op de keuze van het klaar te maken voedsel? Wilde je dat zij daarop invloed uitoefenden, of wilde je alles zelf regelen? Wat voor gevoel gaf je dat klaarmaken van dat voedsel? Een tevreden gevoel, omdat je lekker hebt gegeten? Of ontevreden, omdat er ergens iets is misgegaan in de veelheid van beslissingen die zijn genomen?
Wat was de invloed van jou op al die beslissingen en wat had je eraan kunnen veranderen, als je dat gedaan had wat je zelf wilde? Was wat je zelf wilde dat wat je echt wilde, of was het iets wat je wilde omdat je dacht dat iedereen dat wilde?
Ben je wel eerlijk naar jezelf geweest?
Als het resultaat is dat je je goed voelt, wezenlijk goed, bij al die genomen beslissingen, dan ben je goed bezig. Het is van belang dat je je wezenlijk goed voelt. Met andere woorden, er is nergens een gevoel van onbehagen. Je bent in evenwicht met jezelf en je bent je bewust van jezelf.
Zoals je hebt gemerkt wordt er in dit boek een aantal keren op hetzelfde teruggekomen. Het is de bedoeling dat de mens gaat begrijpen waarom wij belangrijke onderwerpen zo benadrukken. Belangrijk is namelijk, dat de mens zich gelukkig gaat voelen in zijn dagelijkse leven en niet alleen bij speciale gebeurtenissen.
Wij vinden dat het nu de tijd is, dat de mens gaat inzien dat dit geluk niet buiten hem wordt gezocht, maar binnen hem. Een ander kan de mens niet gelukkig maken, hoe gek dat voor de meeste mensen ook mag klinken.
Een mens is zelf verantwoordelijk voor zijn eigen geluk, en dit is weer afhankelijk van zijn eigen keuzes die hij maakt.
Een mens kan zich zelfs gelukkig voelen in zeer slechte omstandigheden. Dus iemand kan gelukkig zijn, terwijl hij zeer slecht woont en eigenlijk te weinig te eten heeft.

Hoe komt het dan dat die persoon zich gelukkig voelt?
Dat komt, omdat hij met zichzelf volledig in balans is. Zijn wensen en behoeften zijn aangepast aan de mogelijkheden die zich op die plaats voordoen. Voor heel veel mensen is zo'n gedachte onbegrijpelijk omdat zij denken dat voor het vinden van geluk er een aantal externe voorwaarden nodig zijn. En die voorwaarden liggen zoals gezegd, meestal buiten de mens.
Feitelijk ligt geluk binnen de mens zelf.
Hoe beter iemand in staat is een situatie voor zichzelf in balans te brengen des te gelukkiger hij zich voelt. Dit ongeacht zijn materiële situatie.
Geluk kun je niet afmeten aan de hoeveelheid materiële zaken die een mens in zijn leven bij elkaar verzamelt. Geluk is feitelijk het in balans zijn van de wensen en behoeften met de omstandigheden van het moment op de plaats waar die persoon zich bevindt.
Wij zijn al eeuwen bezig dit aan de mens uit te leggen, maar iedere keer werd het verkeerd begrepen.
Nu de aarde in zijn geheel een verdere ontwikkeling doormaakt, gaat de ontwikkeling van een groot aantal mensen daar evenredig mee vooruit. Mensen gaan dingen begrijpen die zij nooit begrepen hebben. Mensen willen zich ook verder ontwikkelen, omdat zij inzien dat zij zo niet verder komen.
Er zullen ook mensen zijn, zoals ik al eerder heb gezegd, die dit allemaal niet kunnen bijbenen. Voor hen wordt het leven op aarde erg zwaar. Zij blijven zich teveel vastklampen aan al het oude, dat zijn oorsprong vond in het verzamelen van materiële zaken.
Deze mensen worden door ons niet aan hun lot over gelaten, maar door ons verder geholpen. Het is voor ons erg belangrijk dat deze mensen zich ook verder ontwikkelen. Wij creëren voor

die mensen een andere plaats in het universum, waar zij zich in hun tempo verder kunnen ontwikkelen. Op aarde gaan deze mensen daarom verdwijnen.
Dat proces is nu al aan de gang.
Het onbegrip bij die mensen veroorzaakt zoveel onbehagen, dat die mensen blij zijn dat zij de aarde kunnen verlaten.
Eigenlijk wordt iedereen voor de keuze gesteld wat hij wil. Meewerken aan de nieuwe situatie op aarde, of dat niet doen en ergens anders verder gaan.
Krijgt dan ook werkelijk iedereen te maken met die keuze?
Ja, niemand wordt uitgezonderd. Feitelijk heeft iedereen die keus al gemaakt.
De tijd waarin we nu zitten is de voltrekking van de gevolgen van de gemaakte keuze door de mensen. De mensen die verder willen op aarde gaan verder. Voor velen lijkt het er nu op dat dit niet gaat gebeuren, omdat hun levensomstandigheden zo slecht zijn. Het ontbreekt hen aan alles, echter dit geldt dan met name voor de materiële kant van het leven. Geestelijk voelen die mensen zich steeds sterker worden, hoewel zij daarvoor geen duidelijke verklaring hebben.
Dit proces zet zich verder door.
In een periode van laten we zeggen een jaar of tien is er een heleboel veranderd.
De mensen die verder willen, hebben dan gemerkt dat er beter naar hen wordt geluisterd. Communicatie gaat veel gemakkelijker. Men durft meer te zeggen. Men durft weer wat van elkaar te verwachten.
De mensen worden betrouwbaarder, eerlijkheid loont. Deze ommekeer is nu al aan de gang. De misdaad neemt duidelijk af.
Oneerlijke mensen dreigen in een geestelijk isolement te geraken en dat is het ergste dat je kan overkomen. De eerste slachtoffers

hiervan zijn al waar te nemen. Van dit gedrag gaat een voorbeeldwerking uit. Mensen willen namelijk niet in een geestelijk isolement terechtkomen.
Overigens, mensen die in een geestelijk isolement terechtkomen, hebben dat zichzelf aangedaan. Ook krijgen deze mensen weer alle kansen daaruit te komen.
De mens zal tevens gaan leren dat wraak **nooit** loont. Wraak is verdere afbraak.
Begrip loont. Veel meer mensen dan jullie denken weten nu al dat wraak en haat niets opleveren. Het is het vuur in jezelf dat jezelf kapot brandt.
Zet daarom wraakgevoelens om in positieve energie. Bedenk dat door het maken van fouten je het meest leert. Als je geen risico durft te nemen, kom je niet veel verder met het verkrijgen van inzicht.

Zodra je gaat begrijpen dat wraak nemen je niets oplevert, dan kun je ook gaan inzien wat het betekent om positief naar de gebeurtenissen te kijken. Als je bedenkt dat elke gebeurtenis, hoe vervelend ook, een positieve kant heeft, dan kom je ineens een stuk verder met het begrijpen van het leven.
Niets gebeurt zomaar, er is altijd een oorzaak en er is een reden en een resultaat.
Begrijp je dat er altijd een oorzaak, een reden en een resultaat is, dan begrijp je ook dat je er op een of andere manier invloed op kunt uitoefenen.
Soms kan een gebeurtenis worden voorkomen, in een ander geval vindt de gebeurtenis plaats en kan door jou het resultaat alleen nog wat worden beïnvloed.
Wij hopen dat door deze uitleg de mens gaat begrijpen dat hij op aarde is om te leren, om waar te nemen, om inzicht te krijgen in zichzelf.

Hoe duidelijker dat inzicht, hoe beter die persoon op aarde functioneert en hoe gelukkiger hij zich voelt.
De ontwikkeling van de mens gaat steeds verder. Er is geen einde aan, omdat alles steeds verandert. Hoe verder de mens komt op het begripsniveau, hoe beter hij inziet dat er nog zeer veel te leren is. Maar leren mag leuk zijn. Leren mag ontdaan worden van de term lijden, want dat laatste is niet meer nodig.
De mens is in de toekomst het lijden ontgroeid. Velen zullen deze uitspraak betwisten, maar ik, de Bron van alles dat is en dat zal zijn, zeg jullie, dat lijden van de mens niet meer nodig is. Jullie gaan het allemaal anders beleven. Daar hebben jullie naar toe gewerkt en het gaat verwezenlijkt worden.
Na deze monoloog van mij, de Bron van alles dat is en dat zal zijn, gaan we weer terug naar het gesprek met Rienk.
Hij heeft jullie iets belangrijks mede te delen.

Rienk:
Op het moment dat ik aankwam in de wereld van de overledenen wist ik natuurlijk nog niet dat ik weer terug zou gaan naar de aarde om de mensen daar te helpen.
Ik had geen idee hoe het verder zou gaan. Ik dacht, nu krijg ik eindelijk rust en ben ik af van die nare ziekte.
Dat laatste was al vrij snel het geval. Ik kwam ergens te liggen waar ik de kans kreeg mijzelf te bevrijden van die aardse ziekte. Je gaat dan naar een soort hospitaal waar ook anderen liggen. Al snel voelde ik mij een stuk beter. Eenmaal genezen werd ik in contact gebracht met anderen die ook op aarde goede werken verrichten. Doel van mijn missie zou worden, dat ik de mensen probeer te laten inzien wat het betekent bewust te leven.
De hulp ligt daarin, dat ik het geheugen van de mensen ondersteun bij het vergroten van het bewustzijn. Als een mens be-

wuster gaat leven, heeft hij een groter deel van zijn hersencapaciteit nodig. Dit kan makkelijk, omdat de mens maar een klein deel van zijn totale hersencapaciteit gebruikt, circa 20%.
Gaat hij bewuster leven, dan verdubbelt dat percentage al gauw.
Ik wil dit graag tegen jullie zeggen, omdat mensen zullen gaan denken, ja, bewuster leven, dat betekent dat ik meer moet kunnen onthouden, maar dat kan toch niet?
Je ziet het kan makkelijk!
Alles is dus op te slaan in de hersenen van de mens, wat de mens waarneemt.
De mens zal altijd voldoende hersencapaciteit blijven houden, omdat het aantal hersencellen nog kan toenemen. Dit is een mededeling die de huidige kennis van de mens over zijn eigen lichaam te boven gaat. In dit boek zullen nog vaker uitspraken worden gedaan, die door de mens als niet mogelijk worden afgedaan.
Wij hebben hier veel meer overzicht en kennis dan de mens heeft en voor mogelijk houdt.
De mens krijgt ook steeds meer kennis van ons toebedeeld, alleen wordt deze kennis pas gegeven als de mens hiervoor klaar is.
Veel zaken zouden, als zij nu al bekend zouden worden, bij de mensheid tot grote problemen leiden. De mens wil graag veel informatie hebben over alles wat hij zelf kan doen, en over hoe alles in elkaar zit.
Sommige dingen zijn echter nog niet door de mens te bevatten.
Hiervoor moet de mens nog verder ontwikkeld zijn.
Op dit moment is het kennisniveau van de mensheid al hoger dan hij kan bevatten.
Dit komt, omdat de mens een sterke ontwikkeling doormaakt en juist die zaken gaat begrijpen. Sommige mensen op aarde zijn

al heel ver in hun ontwikkeling en hebben al vindingen gedaan, die op een veel geavanceerder vlak liggen. Deze mensen zullen er voorlopig niet in slagen deze kennis op grote schaal te verspreiden. Die verspreiding wordt bemoeilijkt, omdat de acceptatie van de meerderheid van de mensen er nog niet is.
De ontwikkeling van de meerderheid van de mensen op aarde bepaalt het algemene ontwikkelingsniveau van de aarde. Dit is een wetmatigheid. Zou hiervan worden afgeweken, dan zou er een enorme chaos op aarde ontstaan. Dus de ontwikkeling van de aarde volgt in zekere mate de weg van de geleidelijkheid.
Het is de bedoeling dat zoveel mogelijk mensen die ontwikkeling kunnen bijbenen, en niet dat enkelen veel verder gaan en de rest achterblijft. Wij als begeleiders zijn ons zeer bewust van dit probleem.
Een belangrijke vraag die bij jullie opkomt is, dus de begeleiders besturen toch de aarde, omdat zij informatie die naar de aarde gaat naar eigen goeddunken kunnen tegenhouden of ter beschikking stellen aan de aarde?
Ja, wij beïnvloeden de aarde in zekere mate, omdat het hogere doel is dat zoveel mogelijk mensen de verdere ontwikkeling van de aarde kunnen bijbenen.
Echter de uitgangspunten die wij hanteren zijn anders dan die de mensen hanteren. Wij gaan uit van positieve invloed van informatie op de mensheid als geheel.
Die positieve invloed zal steeds door ons worden bekeken en worden vastgesteld aan de hand van het te behalen resultaat.
Het resultaat dat bereikt dient te worden, ligt vast. Dit is, dat een zo groot mogelijke groep mensen op aarde dat resultaat moet kunnen halen.
Wij als begeleiders zijn daarvoor uitgekozen om dat te behalen.
De datum voor het moment waarop die vooruitgang bereikt

moet worden ligt niet vast, maar ligt wel vast in een bepaalde tijdspanne.
Voor 2030 zal een belangrijke vooruitgang in de ontwikkeling van de mensheid worden bereikt.
De voorwaarden hiervoor zijn reeds geschapen, en nu komt het erop aan dat de mens de weg naar die ontwikkeling gaat afleggen.
Duidelijk is dat in de individuele eigen wil van de mens **nooit**, ik zeg **nooit** door ons mag worden ingegrepen. De eigen wil van de mens is een gave die dus keihard overeind blijft staan.
Echter zoals eerder gezegd, liggen de grote gebeurtenissen op aarde vast.
Deze gebeurtenissen zijn een extrapolatie van alle karakters van de mensen die zich op aarde bevinden. Vandaar dat die grote gebeurtenissen vooruitgezien kunnen worden.
Voor de mens is dit een moeilijk onderwerp, omdat hij denkt, de toekomst ligt toch vast, dus kan ik daaraan niets veranderen, of hij denkt dat hij door de begeleiders vrij gelaten wordt, maar eigenlijk heeft hij zich te schikken in wat de begeleiders willen als hij te snel vooruit wil. Moeilijk voor ons is uit te leggen dat er voor de mens meer dan voldoende ruimte overblijft om zijn levenspad zelf te bepalen.
Stel dat iemand op aarde dingen uitvindt die nog niet goed zijn voor de mensheid in zijn algemeenheid, dan zal die persoon zelf al wel voelen dat er iets niet goed is.
Althans nog niet goed. Hij zal dan bij zichzelf denken, ik heb iets gevonden waarvan ik mij afvraag of de mensheid daar al aan toe is. Blijft die persoon goed bij zijn eigen gevoelens, dan weet hij, dat hij nog moet wachten met het geven van bekendheid aan die vinding.
Geeft hij daaraan toch ruchtbaarheid, dan voelt hij zich daar onbehaaglijk bij.

Het blijft steeds van belang dat de aarde zich ontwikkelt in een bepaald tempo. Gaat de ontwikkeling te snel, dan kan er een onbeheersbare chaos ontstaan en daar is niemand op aarde mee gediend.
Een van de wetten die gelden in het universum is, dat alles wat zich ontwikkelt de kans dient te krijgen. En het bewaken van de kans doet in feite het hele systeem dat zich in het universum bezighoudt met alle ontwikkelingen. Met andere woorden, de ontwikkeling van de aarde past weer in het systeem van de ontwikkeling van het universum in zijn geheel.
Alles past als het ware in elkaar en vormt als geheel een evenwicht. Voor de mens is dit niet eenvoudig te bevatten. Het is namelijk een wetmatigheid.
Alles is met elkaar in balans.
De mens heeft geprobeerd, zonder dat hij zich hiervan bewust was overigens, de balans van het universum te verstoren. Dit kan niet, daarom komt er een reactie op de beslissingen die de mensen hebben genomen. Zo'n reactie is bijvoorbeeld geweest het uitbreken van een mondiaal conflict. Dit soort conflicten werken als correctie op gebeurtenissen die zich in een afwijkende richting van de bestemde ontwikkeling bewegen. Dit conflict werd overigens door de mens zelf veroorzaakt, omdat op dat moment alle voorwaarden voor het uitbreken van zo'n conflict in dezelfde richting wezen.
Hoe dit conflict werd opgelost is ook weer een verdienste van de mens, omdat de mens weet dat een conflict nooit kan worden beëindigd zonder toe te geven.
De tweede wereldoorlog is het laatste ernstige zeer grote conflict op aarde geweest.
Een conflict van zo'n grote omvang zal niet meer op aarde voorkomen.

Het inzicht van de mensheid door dat conflict is enorm vergroot.

In deze tijd gaat de mensheid zich steeds verder afwenden van het conflictmodel.
Wij gaan op aarde meer naar het harmoniemodel, waarbij wordt geprobeerd tot oplossingen te komen waarin alle partijen zich kunnen vinden. Oplossingen op deze manier bereikt, hebben een veel langere levensduur. Het bevordert het denken van de mensen dat eerlijkheid en betrouwbaarheid loont.
Waarheid, eerlijkheid en betrouwbaarheid zijn een drietal zaken waarmee de mens in zijn handelen ernstig rekening zal gaan houden.
Gaat de mens in meerderheid over tot het hanteren van die drie uitgangspunten dan gaat de ontwikkeling van de aarde sneller en sneller.
En dan wordt het verblijf op aarde ook aangenamer. Het begrip van de mens over de inhoud van het leven neemt dan ook toe.
De mens wil graag leven, maar als hij zich beter met zichzelf in balans gaat voelen, dan vindt hij het verblijf op aarde een waar feest, waarbij hij de mogelijkheid krijgt zich aldoor verder te ontwikkelen.
Vergroten van inzicht is een continu proces. Het houdt dus nooit op.
Het leven op aarde is, wat zijn ontwikkeling betreft, nog maar in de beginfase.
Als de mens zichzelf beter leert kennen, eerlijker en betrouwbaarder wordt, dan gaat er voor hem een wereld open. De wereld van het nieuwe inzicht.
Wij helpen de mens dit punt zo spoedig mogelijk te bereiken.
Het lijkt onmogelijk, het is daarentegen zeer wel mogelijk, het

gaat gebeuren, dat is de wil van God, de Bron van alles dat is en dat zal zijn.

De Bron van alles dat is en dat zal zijn:
Ik heb uiteindelijk de supervisie over alles wat er op aarde en in het universum gebeurt.
Hoe zie ik eruit?
De meeste mensen denken aan mij als aan iemand die de vorm heeft van een mens en die handelt als een mens. Ik ben slechts een kracht en ik zit in alles dat is, dat bestaat en dat zal bestaan. Ik kan mij manifesteren in alles en door alles en ik ben alles. Alles bij elkaar opgeteld ben ik. Ik zou mij kunnen tonen als een mens en ik zou dat ook kunnen doen als dier, als een plant, als een boom of een ding. Ik ben dus in alles aanwezig.
De mens vindt het moeilijk te begrijpen dat ik in alles aanwezig ben. Ik manifesteer mij door alles, dus ook via de mens. Alle mensen samen vormen mij. Alles samen vormt mij. Ik ben alles, ik ben in alles en ik zal in alles zijn.
Daarom ben ik ook altijd en overal aanwezig en kan niemand buiten mij, want ik ben in hem. Mensen zullen dat dienen te accepteren.
Zij gaan leren dat zij hun eigen goddelijkheid dienen te manifesteren door henzelf. Want feitelijk is ieder mens een deel van God. Ik ben dus in iedereen.
Ik benadruk dit zo, omdat het zo moeilijk is voor de mens dit aan te nemen.
Zij denken steeds aan een God buiten henzelf, terwijl ik in hen ben.
Het maakt de mens uiteindelijk veel rustiger dat zij weten dat ik er **altijd** ben, in alle omstandigheden, bij alle gebeurtenissen.
Ik ben er dus **nooit niet**!!

Je kunt als mens op mij vertrouwen, al zijn de meeste mensen erg bang voor mij.
Zij denken dat ik verschrikkelijk ga straffen, als zij niet precies doen wat ik wil.
Mijn wil is dat de mens een eigen wil heeft.
Diverse keren in dit boek is dit al gezegd. Daarom zal ik nooit ingrijpen in het handelen van de individuele mens.
De mens kan, omdat ik altijd aanwezig ben in hem, van mij gebruik maken. Op al zijn vragen geef ik een antwoord en dan bedoel ik ook alle vragen.
De mens vindt het ondenkbaar dat ik zo dichtbij ben. Ik ben er dus altijd en overal.
Als de mens zich van mij bewust gaat worden, dan gaat hij, na eerst van de schrik te zijn bekomen dat ik er altijd ben, mij gebruiken. Ik ben er om de mens te helpen, altijd en onder alle omstandigheden.
Hoe hoor je mij?
Zie hiervoor de eerder in dit boek beschreven oefening.
Deze oefening hield in dat je je concentreert op een bepaald punt en als je je dan geheel ontspannen voelt, laat je je ogen dichtvallen. Je gaat dan door met die concentratie en dan plotseling ervaar je mij, heel even eerst een lichtflits.
Die lichtflits kun je langer laten duren als je vaak oefent. Je kunt dat heerlijke gevoel dat daarbij hoort langer vasthouden.
Ik ben eigenlijk wat ze noemen jouw ziel. Of soms noemen ze het ook wel jouw hogere ik. Ik ben er dus altijd, ik hoor bij jou. Ik geef je aan waarom je hier op aarde bent en wat het doel is, wat je met jouw leven wilt nastreven. Ik help je steeds dat doel te bereiken. Hoe beter dat contact met mij wordt, hoe beter je je gaat voelen. Uiteindelijk wordt het contact met mij iets vanzelfsprekends. Jouw hele leven gaat erdoor veranderen.

Je gaat uitvoeren waarvoor je hier op aarde bent gekomen en je boekt resultaat.
Je gaat de inhoud van jouw leven begrijpen en je gaat genieten van dat leven.
Door je van mij bewust te zijn, kom je beter in balans met jezelf. Een evenwichtig leven kent geen lijden. Alle gebeurtenissen worden door jou begrepen en krijgen een plaats in jouw leven.
Negativiteit krijgt geen kans meer. Je ziet in wat je op aarde te doen hebt en je gaat aan het werk. Dit inzicht kan tot gevolg hebben, dat er in jouw huidige leven een aantal veranderingen gaan plaatsvinden. Die veranderingen kunnen zijn, het opgeven van jouw huidige werk, het aanvaarden van ander werk. Het verbreken van relaties.
Ook kan het van invloed zijn op de relatie met jouw levenspartner. Al deze veranderingen zullen je stuwen naar een positievere situatie waarin je terecht zult komen, al lijkt het er eerst op dat je van de regen in de drup terecht bent gekomen.
Ik ben er steeds om je te helpen bij het nemen van deze stappen. Zet door en ga verder, leid jezelf naar het begin van het nieuwe. Accepteer jezelf en je zult zien het gaat allemaal beter met je. Uiteindelijk heb je deze veranderingen zelf allemaal gewild. Nu is het moment gekomen.
Je weet intuïtief dat het goed is wat er gebeurt, ga daarom verder. Bij elke verandering laat je iets achter, maar hier treed je iets nieuws binnen, de weg naar geluk en voorspoed, pak die weg en vertrouw op mij.
Ik ben er aldoor om je te helpen en om jouw twijfels weg te nemen. Ga voort!
Waarom die nadruk. Omdat deze stap gepaard gaat met veel veranderingen. Je moet een drempel over en je moet volharden in jouw wens door te gaan.

Rienk:
Ik ga jullie wat vertellen over het leven in de wereld waarin ik mij nu bevind. Dit doe ik omdat jullie dan beter gaan begrijpen hoe alles in elkaar zit.
Zoals gezegd, ben ik terecht gekomen in de zevende sfeer. Hier leven vele entiteiten die hoofdzakelijk bezig zijn met het ondersteunen van het leven op aarde.
Hoe ziet het er hier uit?
Ik zou willen zeggen in één woord, prachtig. Wij hebben hier heel veel licht, veel meer dan op aarde.
Wij communiceren door het overbrengen van gedachten en niet door middel van onze stem. Het overbrengen van gedachten gaat ook veel sneller.
Het aantal entiteiten dat zich hier bevindt is enorm.
Deze entiteiten zijn mensen die ooit eens op aarde hebben geleefd en die nu als taak hebben de mensen op aarde te helpen met al hun problemen. Die entiteiten zijn samen en vormen groepen. Die groepen richten zich op de aarde en ook op groepen mensen. Het samenleven van die entiteiten is heel anders dan op aarde, omdat zij niet wonen in huizen of flats.
Dat is ook niet nodig, want zij leven in een omgeving van licht. Dit licht omvat alles en is alles. Wij gaan naar het licht toe en komen er weer uit voort. Dit is voor de mens op aarde moeilijk voor te stellen. De entiteiten vormen een eenheid met het licht en kunnen zich daarvan weer afscheiden. Als zij zich van het licht afscheiden, dan vormen zij groepen die helpen bij het ondersteunen van de mensen op aarde.
Entiteiten uit deze sfeer beschikken over alle mogelijkheden om de mensen te ondersteunen. In sommige gevallen, als dat nodig is, kunnen zij voor een korte tijd de gedaante van een mens aannemen. Zij manifesteren zich dan als mens op aarde.

Dit kan slechts voor een korte periode en dient alleen om de mens op aarde te ondersteunen of iets duidelijk te maken.
Ook hier blijft steeds als gouden regel, de mens op aarde heeft een eigen wil en die mag nooit gebroken worden. Wij ondersteunen dus alleen de mensen op aarde en treden nooit in hun leven.
De zevende sfeer is een sfeer waar hard wordt gewerkt aan het verbeteren van de inzichten van de mensen op aarde. Positieve invloeden worden dan ook zoveel mogelijk naar de aarde gezonden in de vorm van gedachten van liefde voor de mensheid.
Want liefde voor de mens en van de mensen voor elkaar, daar draait het uiteindelijk allemaal om. Zuivere liefde wel te verstaan, ontdaan van alles dat met hebzucht en jaloezie te maken heeft.
Mensen op aarde gaan langzaam maar zeker inzien dat hebzucht en jaloezie eigenschappen zijn waarmee zij niet verder komen.
Liefde voor elkaar en wel onvoorwaardelijk, daarmee kom je het verst en daardoor ontstaan de eerder beschreven veranderingen.
Veranderingen die wij van harte ondersteunen.
Wij hier in de zevende sfeer hebben zelf ook vele levens op aarde doorgebracht om inzicht te krijgen hoe het leven in werkelijkheid in elkaar zit.
Het draait dus om liefde voor de medemens.
Wij hebben in die levens ook alle richtingen beproefd, die de levens uit konden gaan, zonder dat wij er ons van bewust waren wat wij zelf wilden bereiken.
Wij waren ons dus ook helemaal niet bewust waar wij mee bezig waren. Wat een leven op aarde inhield. Wat wij ermee moesten.
Als je maar vaak genoeg merkt dat je niet verder komt met het onbewust leven, dan ga je vanzelf een keer nadenken.
De eerste vraag die je jezelf stelt is, wat wil ik met mijn leven en wat heb ik tot nu toe bereikt.

In het begin was dat natuurlijk niet veel wat er was bereikt. Het enige dat telde was pakken wat je pakken kon en alles en iedereen die je in de weg stond of zat te elimineren. Je dacht ten onrechte dat je dan het beste kon overleven. Iedere keer moest je weer dezelfde strijd voeren, en steeds weer probeerde je met geweld een oplossing voor jouw probleem te vinden. Je dacht immers, het is hij of ik en dan moet het natuurlijk ik zijn die wint. Dit gevecht win je nooit.
Op een zeker moment werd ik zo wanhopig dat ik aldoor maar weer in dezelfde problemen belandde, dat ik dacht hier kom ik nooit meer uit. Het lukt mij niet om verder te komen.
Iedere keer als ik op aarde werd geboren nam ik mij voor het anders te gaan doen en iedere keer viel ik weer terug in het oude patroon. Ik was er ten einde raad onder.
Ik wilde rust. Ik vond het nergens, niet op aarde en niet in het hiernamaals. In het hiernamaals was het verblijf nog erger dan op aarde, omdat ik hier steeds met mijzelf werd geconfronteerd. Die confrontatie met mijzelf vond ik nog wel het ergste.
Eigenlijk wilde ik de medemens niets aandoen, maar als ik dan weer op aarde was, en weer door die medemens werd dwarsgezeten, dan dacht ik, hier ga ik een eind aan maken en dan begon ik weer te strijden.
Iets gaat net zolang door totdat je gaat inzien, dat je om verder te komen radicaal zult moeten veranderen. In het hiernamaals zul je je goed moeten voorbereiden op een nieuw leven op aarde en je zult moeten proberen die voornemens ook uit te voeren.
Nu denken jullie natuurlijk dat ik in een klap mijn leven op aarde heb veranderd, maar dat was niet zo. Die verandering ging aanvankelijk maar erg langzaam.
Ik zag dat het willen realiseren van grote voornemens niet lukte, dus ik legde de lat niet zo hoog. Ik probeerde steeds ietsje be-

wuster te leven en dat kostte mij al erg veel moeite. Er begon zich een stijgende lijn af te tekenen in de levens die ik op aarde leefde. Ik begon beter te begrijpen dat je moest proberen bewust te leven, en dat je dan achteraf de levens ook beter kon begrijpen. Dat laatste proces heeft vele levens geduurd.

De laatste keer dat ik heb geleefd moest ik leren wat vergeving inhield. Ik moest mijzelf vergeven dat ik mijn voorgenomen leven niet kon waarmaken en ik moest leren mensen te vergeven die mij iets aangedaan hadden. Ik heb geleerd wat vergeven betekent.

Vergeven houdt in, dat je jezelf vrijwaart van de dingen die je jezelf hebt aangedaan.

Bovendien betekent vergeven dat je jouw medemens vrijwaart van de dingen die zij jou hebben aangedaan. Dat lijkt eenvoudig en als je het kunt is het ook eenvoudig.

Aan iedereen op aarde zou ik willen zeggen, leer het aan, vergeef jezelf en anderen en je zult zien dat het leven op aarde er veel beter door wordt.

Doe je dit, dan ga je ook begrijpen wat onvoorwaardelijke liefde voor een ander betekent.

Ik ga verder met jullie op aarde te helpen deze inzichten in de praktijk te brengen.

Ik weet dat het werkt, dus ga ik ermee door.

Nu een andere vraag die jullie mensen mij zouden kunnen stellen:

Rienk wil je nog eens op aarde leven, want dan kun je de mensen laten zien hoe je zou moeten leven?

Ik zou dit zeker willen als ik niet zou weten wat ik nu weet. Dit is, dat het werk dat ik nu doe erg belangrijk is. Mijn bereik is veel groter doordat ik vanuit deze sfeer bezig ben.

In de toekomst keer ik zeker naar de aarde terug als mens, omdat ik wil meemaken hoe het is om te leven in balans.
Maar nu heb ik nog teveel te doen.

De Bron van alles dat is en dat zal zijn:
Jullie hebben kunnen lezen dat Rienk het moeilijk heeft gehad om daar te komen waar hij nu is.
Op aarde wordt zeker door gelovigen gedacht, waarom gebeuren hier toch van die vreselijke dingen? Waarom zitten de mensen elkaar zo dwars? Waarom treedt een God, als die al bestaat, niet op om dit te stoppen?
Zoals eerder gezegd heeft de mens een eigen wil. Ik kan en wil daar niet in treden. Een belangrijker vraag is:
Goed, de mens heeft een eigen wil en daarin treedt een God niet, maar waarom zijn de mensen niet zo geschapen door God dat zij elkaar sowieso niets aan doen?
Had die God bij zijn schepping geen betere mens kunnen scheppen, dan is het probleem toch ook opgelost?'
En nu komen wij bij een essentieel punt. Inderdaad, de mens is door mij geschapen naar mijn beeld. De mens was oorspronkelijk ook in staat om in evenwicht te leven, maar de mens heeft ontdekt dat hij nog meer eigenschappen heeft dan alleen positieve.
De mens is zijn negatieve kanten aan het verkennen en dat dit tot problemen zou leiden was te voorzien. Echter, het is mijn wil om de mens terug te laten komen naar de evenwichtsituatie. Niet eerder, nadat hijzelf heeft ingezien, dat via de andere weg geen resultaten worden geboekt.
Dus een evenwicht kan alleen worden hersteld als er inzicht is.
De mens heeft van mij alle kansen gekregen om dat inzicht op te doen. Eigenlijk ben ik het zelf die deze inzichten opdoet, omdat ik de Bron ben van alles en alles omvat.

Met andere woorden, de Bron van alles dat is en dat zal zijn schept de mens en herschept de mens op aarde om zelf inzichten te krijgen over zijn eigen functioneren.
De Bron van alles dat is en dat zal zijn, zit in alles dus ook in de mens.
De Bron van alles dat is en dat zal zijn, probeert dus te bereiken dat de mens weer terugkomt in een evenwichtsituatie.
En dat is wat er op aarde nu gaat gebeuren.

Rienk:
Ik heb wat verteld over de zevende sfeer, waarin ik mij, zoals gezegd, nu bevind.
Ik wil nu een paar vragen stellen aan de Bron, omdat ik denk dat er nog wel het een en ander verduidelijkt dient te worden.
De mensen op aarde hebben steeds meer behoefte aan informatie, omdat de dingen die in dit boek worden beschreven hen bezighouden.

De eerste vraag die ik aan de Bron zou willen stellen is, waarom wilde de Bron zichzelf leren kennen via de mens? Is er dan geen andere manier om jezelf te leren kennen?

De Bron van alles dat is en dat zal zijn:
Ik ben er altijd geweest en zal er altijd zijn, in alles. De omgeving waarin ik mij bevind heet universum en omvat alles. De hoogste manier om mij te manifesteren is in de vorm van een mens. En die mens krijgt alle mogelijkheden om zichzelf weer te manifesteren.
Ik, als Bron, vorm een eenheid en omvat dus alles. De mens die geschapen is door mij, uit mij, is losstaand als een fysiek bestanddeel met een eigen karakter.

Deze door mij en uit mij geschapen mens heeft zijn eigen karakter meegekregen en kan zijn vaardigheden en talenten toepassen naar eigen inzicht. Feitelijk is de mens een deel van mij en alle mensen samen vormen mij weer.
Voor de mens is het moeilijk te begrijpen dat ik niet los van hen sta, maar dat de mensen een eenheid met mij vormen. Omdat de mensen uit mij komen en door mij zijn geschapen, vallen die handelingen van die mensen uiteindelijk onder mijn verantwoordelijkheid. Echter, omdat de mens van mij een eigen wil heeft gekregen kan ik en wil ik niet ingrijpen in het handelen van de mensen.
Het uitgangspunt is, dat de mens in evenwicht door mij is geschapen. Hij krijgt de kans alle aspecten van het leven positief en negatief naar eigen inzicht te ervaren.
Uiteindelijk doel is dat de mensen door hun ervaring gaan begrijpen, of beter, zich herinneren dat die evenwichtsituatie de beste levenssituatie biedt.
In de momenten van bewustzijn heeft de mens voor zichzelf gewenst dat hij terug kan naar die balanssituatie.
Omdat ik de mens wil laten ervaren wat het beste voor hemzelf is, leid ik hem uiteindelijk terug naar een leven in evenwicht.
En dit laatste staat op aarde nu te gebeuren.
Dus Rienk, het feit dat jij er bent, heeft te maken met het altijd aanwezig zijn van mij.
Jij bent eens geschapen door mij als een onderdeel van mij, en eigenlijk houdt dit in dat jij samen met mij alles inhoudt wat er is.
Ik ben namelijk de Bron van alles dat is en dat zal zijn en zit dus in alles.

Wij, Rienk, jij en ik praten nu met elkaar over zaken die wij graag willen uitleggen aan de mensen.

Mensen zitten op aarde in een fysiek lichaam van vlees en bloed. Voor hen is het moeilijk alles te begrijpen, wat wij in dit boek behandelen.
Een belangrijke reden hiervoor is, dat de beperking van het menselijk lichaam voelbaar is. Mensen hebben slechts een beperkt overzicht en kunnen niet-aardse zaken daarom moeilijk begrijpen.
Neem de factor tijd.
Op aarde is een tijdsregistratie van elk moment dat het leven voortschrijdt. Die tijdsregistratie is gebonden aan de draaiing van de aarde om zijn as. In een jaar draait de aarde om de zon.
In het hiernamaals is geen tijdsregistratie. Alles dat daar is, is daar. Het is daar een zijns-toestand. Dit is voor mensen zeer moeilijk te begrijpen.

Rienk:
Maar in het hiernamaals is het toch een komen en gaan van mensen.
De een komt omdat hij juist is overleden, de ander gaat omdat hij weer op aarde wordt geboren. Er is zelfs sprake van een ontwikkeling, want het inzicht van de mensen die komen en gaan wordt steeds groter.
Dit alles kun je toch in een tijdspanne vangen?
Daarom zou ik zeggen er is wel degelijk een tijd, of niet dan?

De Bron van alles dat is en dat zal zijn:
Ja en nee. Inderdaad er is een ontwikkeling en er is een komen en gaan. Dit zou je in een tijdsplan kunnen vastleggen. Echter er gebeuren ook dingen die er helemaal los van staan.
Denk bijvoorbeeld aan het verschijnsel van een tijdspanne die geheel teruggesteld kan worden. Met andere woorden, er ge-

beurt iets en dat ontwikkelt zich verder. Op een bepaald moment kan deze ontwikkeling worden stopgezet en dan kan alles weer opnieuw worden gestart. Dit proces is eeuwig. Starten, verdergaan, eindigen, opnieuw starten. Er zijn dus een oneindig aantal beginpunten en eindpunten en weer beginpunten en weer eindpunten.
Ik ga hier niet verder op door, omdat dit onderwerp voor de mens op aarde eerder verwarrend is, dan dat het bijdraagt tot een verder inzicht.
Als de mens zich eenmaal buiten zijn aardse lichaam bevindt zal hem dit onderwerp duidelijk worden.

Het is op aarde zo, dat de daar bereikte ontwikkeling iets is dat niet wordt teruggedraaid. Dus een eenmaal gemaakte stap blijft bestaan. Dit is iets wat de mens wel duidelijk is. Als de mens zijn inzicht heeft vergroot op aarde, dan is dat van blijvende aard. Hij heeft dan duidelijk vorderingen gemaakt.
De mens op aarde gaat door zijn voortschrijdende ontwikkeling een ander leven voor zichzelf creëren.
Het is mijn wil dat de aarde deze ontwikkeling doormaakt. Eigenlijk is dit de wil van alle mensen die zich op aarde bevinden. En deze wil wordt nu over enkele jaren, zoals gezegd omstreeks 2030 gerealiseerd.

Rienk:
Hoe kan dat nu samengaan? De wil van u, de Bron van alles dat is en dat zal zijn en de wil van de mensheid op aarde?
Dat moet hier en daar toch conflicten geven?
Kunt u dat eens uitleggen?

De Bron van alles dat is en dat zal zijn:
Dit is een onderwerp dat in dit boek al vele keren aan de orde is gesteld, alleen nog niet op deze manier.
Laat ik het nog een keer uitleggen.
Ik ben de bron van alles. Ik ben dus het begin van alles en alles omvat ik.
Dit is door de mens moeilijk te begrijpen, omdat hij mij ziet als een kracht die buiten hem staat.
Integendeel, ik manifesteer mij via de mens en ik omvat de mens.
De wil die ik heb en die dus bij mij begint, komt ook via de mens weer naar buiten. Eigenlijk is de wil van de mens ook mijn wil. Ik wil dat de mens vrij is in het bepalen van zijn eigen lot.
Alleen er zit een beperking aan.
De mens kan in het bepalen van zijn eigen lot niet ingaan tegen de wetten die heersen in het universum. Het universum omvat alles, inclusief de aarde. De aarde is bestemd voor de mensen om zich daar te ontwikkelen. De aarde maakt zoals gezegd een onderdeel uit van het universum. Zou de mens plannen hebben om activiteiten te ontplooien die schadelijk zijn voor het universum, dus alles dat zich buiten de aarde bevindt, of de aarde onherstelbare schade toebrengen, dan treedt er een beperking in werking. Het wordt de mens dan onmogelijk gemaakt die schadelijke plannen ten uitvoer te brengen. De mens heeft dit al eens gedaan. Dit was zeer schadelijk voor hemzelf.
De mens zal daarom dienen in te zien, dat hij een hoeder is van de aarde en wel op de best denkbare manier. De mensheid is dus vrij in het individueel bepalen van zijn lot door zijn vrije wil, maar dient zich terdege te realiseren dat het schade toebrengen aan het universum niet kan.
Steeds probeert de mensheid zijn grenzen te verleggen. Dit is ook nodig voor het verkrijgen van een groter inzicht. Bovendien

zal de mens ook dienen in te zien dat bepaalde dingen die hij wil pas kunnen, als hij zich voldoende ver heeft ontwikkeld.
Als de mens zich verder ontwikkelt, krijgt hij door mij de instrumenten aangereikt om zijn inzicht te vergroten. Ik zorg ervoor dat de mensheid zich zo evenwichtig mogelijk ontwikkelt. Dit sluit aan op mijn wens dat de aarde wordt waarvoor hij bestemd was: een lustoord voor de mens om te leven.
De mensheid zal zich steeds sneller gaan ontwikkelen en gaan begrijpen dat alles dat tot stand wordt gebracht in harmonieuze samenwerking een lange houdbaarheid heeft.
De jongeren op aarde zijn geboren met die inzichten en streven ernaar die te realiseren. Ik begeleid ze daarbij.
Jullie denken nu dat er niets meer overblijft voor jullie eigen wil. Dat is niet zo. Individueel krijgen jullie volledig de kans jullie leven naar eigen inzicht in te richten.
Het is mijn wil om jullie daarin vrij te laten. En dat doe ik ook. Dat dit hier en daar leidt tot excessen kan iedereen waarnemen. Echter de enige manier dat daar een einde aan komt is, dat de mens gaat inzien, dat hijzelf de veroorzaker van de excessen is. De mens kan daarmee stoppen. De mens dient zich te realiseren dat opkomen voor een eigen standpunt erg belangrijk is.
Ook het samenwerken met anderen, daarop wil ik jullie nogmaals wijzen, is van grote betekenis voor jullie. Bedenk wel dat dit iets inhoudt, en niet betekent dat je collectief zaken die weinigen bepalen over je heen laat komen. Samenwerking in de nieuwe constellatie vereist mondige doelgerichte mensen die het inzicht hebben bewust de dingen te willen meemaken en bepalen.
Voor een aantal machthebbers zal het even slikken worden als zij gaan merken dat macht niet meer iets vanzelfsprekends is. Zij zullen zich tegen deze veranderingen gaan verzetten en proberen mensen te dwingen zich naar hun inzichten te schikken.

Dit zal niet gaan lukken en die machthebbers zullen het veld gaan ruimen. Al deze gebeurtenissen zullen zich gaan voordoen in de komende decennia. Soms zal het er hard aan toe gaan, maar de mensen zijn niet meer te stuiten. List en bedrog om de mensen weer in toom te krijgen werken niet meer. Alles komt op straat te liggen wat met list en bedrog te maken heeft.
Wij willen jullie mensen laten inzien dat alleen de waarheid de mens verder kan helpen op zijn weg naar het verkrijgen van inzicht. Waarheid en niets anders dan dat zal de mens doen veranderen in iemand waarop je kunt bouwen.
List en bedrog zijn zaken die de afbraak bevorderen, al lijkt het er nu nog op dat het werkt. De mens voelt intuïtief aan dat hij wordt bedrogen en dat is al een begin in het vergroten van zijn inzicht. Bedrog is, in de tijd die achter ons ligt, de weg geweest, waarlangs de machthebbers zich hebben kunnen handhaven.
Alle handelingen van de mensen die verantwoordelijkheden dragen zullen worden getoetst op integriteit. Zo niet, dan komen die mensen in de problemen. Geestelijke isolatie is dan het gevolg. Dit is een vorm van bestraffing die het grootste effect sorteert. Want geestelijk geïsoleerd worden wil niemand.
Zodra de mens gaat inzien hoe hij zichzelf en anderen moet vergeven, kan alles makkelijk worden opgelost. Een straf is goed, maar vergeving dient een logisch gevolg te zijn en ook dát gaat de mens begrijpen, want wraak helpt niet.
Dit was een lange uiteenzetting.
Rienk ben je tevreden met het antwoord?

Rienk:
Nee niet helemaal.
Ik wil toch nog terugkomen op die eigen wil van de mens. U zegt, alles is mijn wil en ik geef de mens individueel een eigen wil.

Dat betekent toch dat de mens feitelijk geen eigen wil heeft? Het lijkt erop dat de mens maar een schijn eigen wil heeft.

De Bron van alles dat is en dat zal zijn:
Ik zal het nog eens proberen uit te leggen.
Alles wat er gebeurt is in feite mijn eigen wil. Dat is juist. Maar het is juist mijn bedoeling dat de mens individueel zijn eigen wil tot uitvoering kan brengen. In die eigen wil van de individuele mens, daar treed ik niet in, nooit!
Anders gezegd, het is mijn eigen wil, dat de individuele mens een eigen wil heeft.

Rienk:
Zeg dat dan direct.

De Bron van alles dat is en dat zal zijn:
Ja, daar heb je gelijk in, maar die ruimere uitleg is nodig voor de begripsvorming.
Juist die tegenstelling moet duidelijk worden.

Rienk:
Bedankt, ik denk dat het iedere lezer nu duidelijk zal zijn hoe het met zijn eigen wil zit.
U praat over straffen en vergeving.
De mens gaat op een andere manier straffen en dient te leren wat vergeving is.
Op dit moment zijn er op aarde zeer veel straffen die naar het mij lijkt niet veel effect hebben. Hoe komt dat eigenlijk?
Ligt dat eraan dat de mensen toch niet te veranderen zijn, waardoor zij steeds terugvallen in hun oude patroon.
Leg dit eens uit?

De Bron van alles dat is en dat zal zijn:
Mensen worden niet slecht geboren. Dat denken echter velen. Mensen zijn van nature positief van instelling. Echter de ontwikkeling van de mensen gaat altijd gepaard met invloeden van buitenaf. Een belangrijke invloed op de ontwikkeling van de mens is die van de ouders, maar ook de school, de vrienden en vriendinnen, enzovoorts.
De ene mens is gevoeliger voor invloeden van buitenaf dan de ander. In belangrijke mate heeft het beeld dat de mens van zichzelf heeft hiermee te maken.
Hoe beter het zelfbeeld, hoe minder de invloeden van buitenaf bepalend zijn voor het gedrag van de mens. Ook spelen de negatieve en positieve invloeden uit de omgeving van de groep waar de mens graag bij wil horen een rol.
De keuze van de groep waar de mens graag bij wil horen, wordt al vrij snel gemaakt.
Hoe meer een mens zich conformeert aan een groep, hoe moeilijker het voor hem wordt zelfstandig te functioneren en daar beginnen vaak de problemen.
Het is van het grootste belang dat de mens wordt geleerd zelfstandig te functioneren. Dat hij leert inzien, dat zelfstandig functioneren ook inhoudt zelf een mening te vormen en die te toetsen aan zijn eigen gevoel. Want iedereen weet van zichzelf wat goed voor hem is. Dat is een soort oergevoel dat bij iedereen voorkomt. Als je je hiervan afwendt dan voelt dat niet goed. Door het niet erg bewust leven van veel mensen hebben zij geen goed contact meer met dat oergevoel, maar dat is er nog wel.
Zodra iemand besluit meer te gaan luisteren naar dat oergevoel, dan gaat hij beter functioneren.
Overheden van landen hebben allerlei straffen ingevoerd om mensen te dwingen zich aan hun regels te houden. Veel van die

regels zijn overbodig en dienen alleen ter bevestiging van de macht van die overheden.
Als de mens zelf gaat inzien dat hij zelf de oorzaak is van de wijze van leven die hij erop nahoudt, dan gaat hij ook inzien hoe hij zijn leven kan verbeteren. Hij zal tot de conclusie komen dat hij dit niet alleen kan. Hij heeft hiervoor ook de medemens nodig. Zodra de groep die dit gaat inzien steeds groter wordt, zal er daadwerkelijk iets gaan veranderen. Deze veranderingen zijn nu al aan de gang.
Ten aanzien van straffen wordt duidelijk, dat het systeem dat nu wordt gevolgd onvoldoende werkzaam is. Levenslang opsluiten van iemand heeft geen zin, omdat hij nooit meer een kans krijgt. Nu kan het genoemde systeem nog niet worden veranderd, omdat de inzichten van de mensen hoe het anders zou moeten nog niet ver genoeg zijn ontwikkeld.
In een aantal landen is men al zover, dat men niet gelukkig is met de wijze van straffen. Er worden al proeven genomen met andere straffen, al werken die nog niet in voldoende mate. Uiteindelijk zal men overgaan tot de straf van de geestelijke uitsluiting. Hiervoor zal de mens echter eerst nog wat meer inzicht in zichzelf moeten hebben. Bij deze straf komt, kort beschreven, iemand geheel los te staan van de maatschappij. Hij behoort nergens meer toe en kan ook niets meer.
Hij kan alleen uit deze situatie komen als hijzelf inziet, dat hij op een andere manier zal dienen te gaan leven. Als hij dit duidelijk kan maken aan de medemensen en hij aangeeft dat hij op een andere manier gaat leven, dan volgt vergeving. Van belang is hier dat de persoon in kwestie ook inziet dat hij zichzelf zal moeten vergeven.

Dan nog iets anders.
In veel landen wordt de doodstraf nog toegepast. Het ter dood brengen van iemand is eigenlijk geen straf. Het is iets dat niet hoort bij welk menselijk handelen dan ook.
Niemand kan zich het recht toe-eigenen om een ander het leven te benemen.
Daarbij lost het in feite niets op, de ander gaat over naar een andere situatie, maar is hiermee niet van het toneel verdwenen, al wordt dit op aarde wel gedacht. De ter dood gebrachte is alleen voor de bewoners van de aarde onzichtbaar geworden, maar hij is er nog wel. Hij kan zijn invloed nog wel doen gelden en dat werkt dan ook contra-productief. Het beste is een persoon die men wil straffen op aarde te houden, omdat zijn handelen dan kan worden gevolgd.
Het is een goede ontwikkeling dat in veel landen de doodstraf reeds is, of wordt afgeschaft.

Het leven van de mensen op aarde gaat zodanig veranderen, dat de wil van de overheden en grote bedrijven om mensen te beïnvloeden ook afneemt.
Vandaar dat het proces van verandering geleidelijker en vanzelfsprekender zal gaan dan men nu denkt.
In de historie gingen veranderingen samen met veel geweld. In de naaste toekomst wordt overleg belangrijker, waardoor het geweld sterk zal verminderen. De laatste stappen naar een nieuwe wereldorde zullen zelfs geheel zonder geweld verlopen.
De mens heeft dan ingezien dat zijn kracht ligt in het vermijden van gewelddadigheden. Tegen die tijd zal de misdaad ook zeer sterk zijn gedaald.
Het wordt weer mogelijk te leven met veel vertrouwen in de ander.

Wij gaan nu over naar een ander onderwerp waarover nog niet zoveel is gezegd.
Dat is het probleem van de overbevolking op aarde. Tenminste zo zien jullie dat.
Voor de mensen op aarde is het aantal mensen dat daar woont meer dan genoeg.
Velen denken en zeggen dat daardoor de honger zal toenemen en er meer ziektes zullen komen.
Ik zeg jullie dat de aarde nog lang niet overbevolkt is. De aarde zal niet overbevolkt raken. Mensen die nu op aarde wonen gaan inzien, dat door een betere organisatie iedereen op aarde voldoende voedsel en scholing kan hebben.
Dat het aan een goede organisatie schort is bij de meeste mensen wel bekend. Uitgangspunt is steeds geweest dat er geld moest worden verdiend aan de hulpverlening. Voorlopig zal het geldsysteem blijven bestaan.
Maar de mensen zullen tot het inzicht gaan komen dat alleen winst gemaakt kan worden als die gelden weer ten goede komen aan de maatschappij. Verrijking van de enkeling, zoals nu gebeurt, zal worden gestopt. Wil de aarde zich verder kunnen ontwikkelen dan zullen de winsten weer gebruikt dienen te worden voor een verdere investering. De mensen gaan begrijpen dat op deze manier de welvaart voor een ieder enorm gaat toenemen.
Er zal overvloed komen voor iedereen. Daarnaast zal iedereen zich blijven richten op het welzijn van de medemens. Deze ontwikkeling heeft zich inmiddels ingezet en begint hier en daar zichtbaar te worden. Grote bedrijven beginnen zich al maatschappelijker op te stellen. Die ontwikkeling zal nog verder toenemen.
Uiteindelijk resulteert dit alles in een schaalverkleining. Grote bedrijven worden opgedeeld in kleine units, waar mensen die daar werken zeer gemotiveerd bezig zijn.

De werknemers kunnen alles overzien en dat komt hun motivatie ten goede.
Hetzelfde geldt voor overheden. Mensen gaan samenleven in kleine groepen die goed zullen gaan functioneren. Groepen zullen ook onderling gaan samenwerken.
Bevoordeling van ons kent ons gaat verdwijnen, omdat het contra-productief werkt.
Mensen richten zich steeds meer op het algemeen belang. Als het algemeen belang goed wordt behartigd heeft iedereen daar voordeel van. Mensen gaan dit inzien.

Rienk:
Wat is toch de reden dat de mens op aarde nu wel verder gaat komen in zijn ontwikkeling en niet eerder? De mens heeft toch altijd geprobeerd vooruit te komen?

De Bron van alles dat is en dat zal zijn:
De mens heeft inderdaad periodes gekend van grote voorspoed en ontwikkeling. Het leek erop dat de mens al veel eerder tot inzicht was gekomen, dat leven in balans een na te streven doel is. Helaas bleek dit toen niet het geval te zijn.
Inderdaad leefden er mensen volledig in balans met zichzelf, maar zij begrepen nog niet dat het loslaten van zelfzuchtige zaken daar ook bij hoorden. Die zelfzucht heeft het ernaar gemaakt dat die ontwikkeling en voorspoed weer werden afgebroken. De mens kon als het ware weer helemaal opnieuw beginnen.
Deze keer zijn de voorwaarden veel beter, omdat de mensen gaan inzien dat zelfzucht geen resultaat oplevert. Zij hebben voor dit inzicht moeten vechten, maar nu ziet een ruime meerderheid van de mensen dit in.

Helaas blijft er een groep over die niet overstag gaat. Zij zullen nu niet meer de kans krijgen de genoemde ontwikkeling tegen te houden. Voor hen komt er ook een oplossing. Zij gaan verder met het verkrijgen van inzicht op een andere planeet, zoals reeds eerder in dit boek is verteld.
Het verdwijnen van die mensen op aarde is al aan de gang, en gaat door tot ze allemaal verdwenen zijn. Het is echter niet zo, dat iedereen die de aarde verlaat door te sterven tot die groep behoort.
Iemand gaat dood op aarde omdat hij zijn levenstaak heeft volbracht, of niet kan volbrengen en dat geldt dan voor mensen die niet verder kunnen. Voor dit laatste kunnen veel redenen zijn, onder andere, het niet kunnen verkrijgen van inzicht.

Een leven dat je je hebt voorgenomen op aarde, als alles wordt volbracht, heeft een bepaalde lengte. Van tevoren staat de lengte van het leven dat iemand gaat leiden in grote lijnen vast.
Het kan zijn dat hij zijn taken snel volbrengt en dan krijgt die persoon de keuze of verder leven op aarde, of stoppen. Kiest hij voor verder leven, dan gaat hij door tot het moment dat hij zou sterven.
Het kan ook zijn dat een persoon niet de kans krijgt die taken, die hij in zijn leven wil uitvoeren, te volbrengen. Hij kan zodanig geblokkeerd worden dat zijn leven ondraaglijk wordt. Vaak wordt dan besloten dat die persoon stopt met het leven op aarde. Ook kan gebeuren dat een persoon zelf niet de kracht heeft zijn taak te volbrengen, omdat hij zich door allerhande zaken laat afleiden van zijn doel. Dan kan er ook worden besloten dat die persoon zijn leven op aarde beëindigt. Dit laatste kan dan gebeuren doordat die persoon verongelukt of een ziekte krijgt.
Vaak zijn de oorzaken van die gebeurtenissen aan die persoon zelf te wijten.

Rienk:

Ons doel is steeds iedereen die wij helpen erop te wijzen dat zij hun voorgenomen taak uitvoeren. Lukt dat, dan zijn niet alleen wij maar ook de persoon waar het om gaat, zeer tevreden. Hij heeft dan een goed leven gehad en dat voelt hij dan ook als zodanig.

Het komt helaas ook voor dat een persoon zelf een einde aan zijn leven maakt, omdat hijzelf er geen gat meer in ziet. Dit is zeer tragisch, omdat zelfdoding zeer treurig is voor de persoon zelf. Hij denkt van zichzelf dat hij een mislukkeling is, wat helemaal niet waar hoeft te zijn. Wij proberen zoveel mogelijk zelfdoding te voorkomen.

Gelukkig neemt mondiaal gezien het aantal zelfdodingen af en zet deze tendens zich voort. Zodra de mens beter inzicht krijgt zal dit het aantal zelfdodingen nog verder doen dalen. De mens wil doorgaans niet dood. Hij is bang voor de dood. Dat de mens niet dood wil is goed, omdat je op aarde bent gekomen om te leven.

De mens hoeft nu ook weer niet bang te zijn voor de dood, omdat het proces van doodgaan niets anders is dan dat het lichaam wordt verlaten door de geest.

Dat gaat zeer gemakkelijk. Je merkt er nauwelijks iets van. Je gaat dan over naar een ander bestaansniveau, waarbij je vrij bent van jouw lichaam. Dit laatste geeft een veel groter overzicht, waardoor je jouw leven op aarde beter kunt overzien.

Het gebeurt altijd nadat je bent overgegaan, dat je het leven te zien krijgt dat je op aarde hebt geleefd. In alle details krijg je dat te zien. Zowel jouw eigen gevoelens als die van de anderen waarmee je te maken hebt gehad kun je dan waarnemen.

Je kunt dan voor jezelf een balans opmaken.

Voor een aantal mensen kan dit zeer positief uitvallen, omdat zij hun taak op een goede manier hebben kunnen volbrengen. Voor anderen is het een teleurstelling omdat zij waarnemen dat zij hun doel niet hebben bereikt. Sommigen hebben hun doel wel bereikt, maar dan schort er nog iets aan de manier waarop. Weer anderen hebben hun doel niet bereikt, maar waren erg goed bezig op weg naar dat doel. Het lukt ook niet altijd het doel te bereiken, omdat je bij het uitwerken van jouw voornemens de lat te hoog hebt gelegd. Dat niet bereiken van dat doel hoeft niet te betekenen dat je een mislukt leven hebt gehad. Je kunt toch veel hebben bereikt.

Bij het kijken naar jouw eigen leven word je altijd door ons bijgestaan en waar mogelijk bij de interpretatie van de gevoelens geholpen. Wij willen dat je een zo authentiek mogelijk beeld van jezelf krijgt. Dit werkt dan weer mee bij het plannen van een volgend leven. Of bij het verdergaan in de sfeer waarin je terecht bent gekomen. Een te kritische kijk op jezelf is niet aan te bevelen. Het gaat om de feiten en niet om jezelf af te breken.

Wij gaan jullie vertellen hoe jullie je hier het beste kunnen verplaatsen in deze situatie.

Als jullie naar je leven terugkijken, dan is het 't beste dat jullie voor jezelf proberen vast te stellen wat jullie hebben bereikt en wat nog niet, zonder dat jullie jezelf zwaar gaan be- of veroordelen. Het gaat er immers om dat jullie gaan begrijpen wat een leven op aarde inhoudt. Jullie willen allemaal je inzicht vergroten en daar hebben jullie moeite voor gedaan op aarde.

Wij hebben jullie daarbij geholpen en dat is ook onze taak. Ook wij kunnen weleens een steek laten vallen, omdat degenen die helpen zelf ook nog niet perfect zijn.

Wij zijn met zijn allen op weg naar perfectie. De een is al wat verder dan de ander, maar wij hebben allemaal nog veel te leren. Het is voor de mensen op aarde moeilijk te begrijpen dat zijzelf moeite moeten doen hun eigen weg te vinden.

Religieuze mensen denken dat God hen de weg wijst, maar dat is niet zo. Zelf kies je jouw eigen te volgen weg en je krijgt daarbij hulp.
De ontwikkeling van het inzicht gaat soms snel en soms langzaam. Er kan ook weleens sprake zijn van een kleine terugval. Dit gebeurt als de omstandigheden op aarde voor degene die voortploetert steeds moeilijker worden. Die moeilijkheidsgraad hangt niet altijd af van de keuze van het voorgenomen leven. Het kan ook zijn dat de medemens op aarde keuzes maakt, waardoor het leven op aarde veel ingewikkelder wordt. Degenen die hulp verlenen zullen dan meer hun best moeten doen.
Wordt het leven voor iemand uitzichtloos, omdat de omstandigheden door anderen te moeilijk zijn gemaakt, dan wordt de persoon in kwestie teruggehaald. Dit kan soms zeer plotseling gebeuren. Veelal overkomt die persoon dan een ongeluk waarbij hij het leven laat. De wijze waarop die persoon om het leven komt is zeer zacht, omdat zijn geest voor de klap al het lichaam heeft verlaten. Veel mensen sterven op deze manier.

Zodra de mensen zich gaan realiseren dat zij ook verantwoordelijk zijn voor het leven van hun medemens, zal er op aarde het een en ander gaan veranderen.
Ieder leven is verbonden aan levens van anderen. Als je een ander beschadigt, beschadig je ook jezelf. Dat is iets wat de mensen op aarde zich helemaal niet realiseren.
Omdat alles met elkaar samenhangt is het steeds belangrijker aan het worden dat problemen worden opgelost, en dat mensen de problemen niet laten liggen of voor zich uit schuiven. Als een probleem erg moeilijk lijkt, is het juist zaak om dit aan te gaan pakken. De wil om tot een oplossing te komen, draagt er al toe bij dat er een oplossing komt.

Mensen op aarde zien beter in dat problemen er zijn om aangepakt te worden door net zolang door te gaan tot er een duurzame oplossing is. De resultaten op deze manier bereikt, werken weldadig uit op de mensheid.
Jullie vragen je af waarom komen jullie niet eerder met deze mededelingen?
Er leven al eeuwen mensen op aarde en nu ineens gaan jullie allerlei adviezen geven.
Dit komt, omdat jullie er nu pas aan toe zijn om te begrijpen wat wij bedoelen. Jullie zijn nu in staat om zelf te ervaren wat die adviezen in de praktijk van het aardse leven betekenen. Overigens door de eeuwen heen zijn er mensen op aarde geweest die hebben laten zien wat het is om goed met elkaar samen te werken en welke resultaten er bereikt konden worden.
Het lijkt er nu op dat die resultaten binnen jullie bereik liggen, omdat er zoveel mensen op aarde leven die veel inzicht hebben. Zoek daarom die mensen uit in jouw leven waar je samen iets mee kunt bereiken. Denk eraan met samenwerking kom je het verst. Alleen krijg je niets voor elkaar, omdat door niemand wordt gezien wat het resultaat is.

De Bron van alles dat is en dat zal zijn:
Alle mensen hebben van mij de mogelijkheden gekregen om voor zichzelf een goed leven op aarde te creëren. Dat dit helaas niet gebeurt ligt aan het feit dat er veel te veel aan het behalen van het eigen voordeel wordt gedacht. Daarbij komt dat er op aarde een zeer grote groep mensen is, die alleen maar bezig is met overleven.
Deze mensen zoeken naar voedsel en dat is het enige dat hen bezighoudt. Die zoektocht neemt al hun energie in beslag. Daardoor hebben ze ook geen kans om zich bewust te worden van

andere zaken die het leven inhouden. Deze zaken gebeuren en eigenlijk zijn er veel te weinig mensen die vinden dat dit zou moeten veranderen.
Wat wordt vergeten is, dat ook deze grote groep zonder bezittingen recht heeft op een menswaardig bestaan op aarde. Zij vechten en verliezen en dit is een zich steeds herhalende procedure. Deze mensen komen niet uit hun uitzichtloze situatie, omdat er veel te weinig wordt gedaan om dit te veranderen. Dat er nu iets gaat veranderen is duidelijk en dat is in dit boek ook al een paar keer gezegd.
Mensen die bezit aan het opstapelen zijn, zullen dat gaan verliezen, hoewel het er nu nog op lijkt dat dit niet zo is.
Er dient een evenwicht op aarde te komen en dat houdt in, dat iedereen recht heeft op een evenredig deel van de bronnen die zich op aarde bevinden. En dat betekent automatisch dat er mensen op aarde zijn die hun bezittingen gaan herverdelen. Dit proces komt op gang en is ook niet tegen te houden.
Door de grotere mondigheid van een grote groep mensen, met name jongeren, is het niet vol te houden dat alles op aarde zo ongelijk is verdeeld. Deze jongeren gaan vrijwillig hun bezittingen delen met anderen en zien dan welke ommekeer er ontstaat. Ouderen liggen eerst dwars, maar volgen dit voorbeeld. Het leven wordt op aarde dan totaal anders.
Er zal altijd een groep overblijven die pertinent weigert zijn bezittingen eerlijk te delen.
Voor deze groep zal geen plaats meer zijn op aarde. Zij krijgen een kans op een andere plaats in het universum om hun inzicht te vergroten. Zoals eerder gezegd zijn mij die mensen even lief, alleen begrijpen zij het leven op aarde niet meer. Zij worden dan ook erg ongelukkig op aarde, omdat zij denken dat geluk hier buiten jezelf wordt gevonden.

Geluk op aarde is een gevoelsproces, het is een gevoel dat je vindt in jezelf.
Voorwaarde om dit te bereiken is een balans tussen lichaam en geest. Die balans wordt bereikt als aan de voorwaarden van het lichaam en de geest is voldaan.
Het lichaam heeft voedsel, rust en beweging nodig. De geest heeft ook rust nodig, maar daarnaast uitdagingen om zich te ontwikkelen door zijn talenten te ontplooien.
Een balanssituatie geeft een prachtige stimulans voor verdere ontwikkeling, wat duidelijk de wens is van de meeste mensen die zich nu op aarde bevinden. Deze mensen hebben in vorige levens van alles geprobeerd om de situatie op aarde te veranderen, zij hebben hard gevochten om al het onrecht te overwinnen. Zij zijn blijven doorgaan, en nu gaat er dan iets veranderen en ik ben er gelukkig mee. Ik ben trots op de mens dat hij dit nu gaat bereiken, het is een overwinning die met veel strijd is beslecht.
De huidige situatie op aarde laat zich nog niet erg voorspoedig aanzien. Dat is logisch, omdat de laatste stuiptrekkingen van de menselijke hebzucht nog niet helemaal zijn uitgewerkt.
De komende decennia gaat het roer om en zal zichtbaar worden wat ik in het voorgaande heb gezegd. Het is mijn bedoeling dat zoveel mogelijk mensen de inzichten gaan begrijpen. Vandaar dat het veranderingsproces geleidelijk gaat.
Hoewel, het gaat steeds sneller en sneller.
In boeken en via mediums is vaak gesproken over een plotselinge verandering. Deze verandering zou gepaard gaan met grote rampen en grote economische crises.
Inderdaad lag het in de rede dat dit de aarde zou overkomen. De mensheid had grote moeite om tot een bepaald collectief inzicht te komen. Door grote inspanning van allen die zich op aarde be-

vinden is het toch gelukt het inzicht van de mensheid als geheel op een hoger plan te brengen. Hiermee heeft de mens zijn toekomst positief beïnvloed.

Helemaal zonder aanpassing van de aarde zal het niet gaan, maar echt mondiale rampen zullen niet voorkomen, net zo min als inslagen van grote kometen. De aarde heeft zijn lot positief beïnvloed en ontwikkelt zich nu verder. Al die mensen die praten over rampen kunnen beter hun energie gebruiken voor het helpen opbouwen van de aarde.

Er zal nog heel wat moeten gebeuren voordat de aarde in een gunstige positie is gekomen. Dat het wordt bereikt ligt vast, daarvan wordt niet meer afgeweken.

Ga dus door, doelgericht naar een positieve situatie op aarde. Jullie zullen dat bereiken, wat er ook gebeurt.

Mensen die nu bezig zijn met gewelddadige acties zullen merken, dat zij deze acties ook naar zichzelf richten. Zij zullen de aarde snel gaan verlaten, omdat geweld dient te stoppen. Geweld leidt tot meer geweld en dat is tegen de weg die de aarde nu aan het afleggen is. Bedenk daarom steeds: met overleg en wederzijds begrip bereik je het meest. Het gaat om duurzaam resultaat. Daarin worden jullie gesteund.

Het leuke is dat door het grotere inzicht van de mensen, de mensen weer gaan geloven in een God. Echter op een heel andere manier dan zij tot nu toe deden.

Zij geloven op de manier zoals wij dat eerder in dit boek hebben uitgelegd.

De God is de bron van alles dat is en omvat alles dat is. De mens gaat inzien dat hijzelf de uitdrukking is van alles dat goddelijk is en daarmee creëert hij voor zichzelf een zeer gelukkig bestaan op aarde waarin alles mogelijk is.

Rienk:
Het ziet er dus goed uit voor de mensen die nu op aarde leven. Zij zullen gelukkig worden, als zij bewuster gaan leven.
Hoe gaat het dan met allerlei ziektes, epidemieën, misdaden, de relaties, de huwelijken, de economie, kortom wat gaat er veranderen?
In het voorgaande is er globaal wel het een en ander aangegeven, maar ik kan mij voorstellen dat de mensen wel eens wat gedetailleerder van het een en ander op de hoogte gesteld willen worden. Dan weten zij waarvoor zij dit alles doen, wat het resultaat is.

De Bron van alles dat is en dat zal zijn:
En nu verwacht je van mij dat ik de toekomst gedetailleerd ga voorspellen?
Ik ga de mensen geen worst voorhouden zodat zij duidelijk weten waar zij straks uitkomen. Zij weten dan dat zij naar een soort beloning toewerken en dat motiveert ze.
Dit is nu een essentieel punt en daarom van groot belang dat dit goed wordt behandeld.
In de huidige situatie op aarde worden de mensen gestraft als zij iets verkeerd doen en beloond als zij iets goed doen. Dat straffen is erger naarmate de fout groter is.
Uiteindelijk worden de mensen van de aarde verbannen als zij iets heel ergs hebben gedaan.
Dat verbannen bestaat erin, dat de overtreders, misdadigers ter dood worden gebracht. Hoe verder de dader van iemand af staat, des te makkelijker het is om die ander van de aarde te laten verwijderen. Het belonen als iemand iets goed doet, komt voor, maar niet vaak. Meestal hoor je niets als je iets goeds hebt gedaan. Die cultuur van straffen en belonen is op aarde iets waarvan afgestapt zal dienen te worden.

Het gaat erom, dat de mensen **inzien** dat zij op een bepaalde manier het beste met elkaar kunnen omgaan. De beloning zit daarin, dat de contacten met de medemens dan oprecht, diepgaand en blijvend worden. Het inzien betekent dat de manier van handelen van iemand afhankelijk wordt van wat hij voelt. Voelt hij zich goed bij een bepaalde manier van optreden naar de ander, dan is hij ook goed bezig. Het zich goed voelen is veel belangrijker dan het optreden waarbij een gedrag ten toon wordt gespreid, waarvan degene denkt dat de ander dat wenst. Het gaat erom dat iemand zichzelf is als hij zich tot zijn medemens wendt. Als je door dik en dun steeds jezelf bent, dan hoef je je niet af te vragen of je goed bezig bent, want je bent dan gewoon goed bezig! Om jezelf te kunnen zijn zul je jezelf moeten kennen en daar schort het nog wel eens bij mensen aan.
Dit betekent dat je naar jezelf durft te kijken en dat je bereid bent zowel de goede als de minder goede kanten van jezelf te zien en te aanvaarden. Heb je jezelf aanvaard zoals je wezenlijk bent, dan ben je in staat in contact naar anderen jezelf te zijn. Dit komt veel beter bij anderen over, omdat anderen graag te maken hebben met mensen die oprecht en eerlijk zijn ook naar zichzelf toe. De strijd die nodig is om helemaal jezelf te worden is zwaar en lang. Velen hebben al een groot deel van die strijd afgelegd en zijn nu met het laatste stuk bezig.
Er zijn mensen die nog helemaal niet begonnen zijn zichzelf te leren kennen. Die verkeren nog in het stadium dat ze vinden dat alle problemen die zij in hun leven tegenkomen bij de ander liggen. Het veranderen van die mensen zal snel moeten gaan, anders gaan zij niet mee met de ontwikkeling die het leven op aarde doormaakt. En zouden zij toch niet in staat zijn te veranderen, dan zullen zij van de aarde verdwijnen en elders in het universum worden opgevangen.

Dus alles wat echt is zal zich als echt gaan manifesteren. Onechtheid verdwijnt.
Mensen die in bepaalde beroepen werkzaam zijn zullen merken dat er geleidelijk aan heel anders gewerkt gaat worden. Bijvoorbeeld in de politiek. Daar zal eerlijkheid en betrouwbaarheid van de politici tot grote veranderingen leiden.
Uiteindelijk zal het resultaat zijn, dat de mensen zelf wel weten wat goed voor hen is en daar ook naar gaan handelen. Leidinggeven wordt dan minder belangrijk, omdat ieder voor zich verantwoordelijk bezig is. Het afleggen van verantwoording over het menselijk handelen wordt dan de gewoonste zaak van de wereld. Men vindt het zelfs noodzakelijk dat er verantwoording wordt afgelegd. En men vindt het ook wenselijk dat men elkaar controleert. Controle heeft geen negatieve lading meer, maar een positieve. Van de resultaten van een controle wil men leren hoe men iets in de toekomst nog beter kan doen. Het opsporen van fouten wordt dan geen doel op zich meer.
In de contacten van de mensen onderling gaat het erom elkaar aan te zetten tot het bereiken van betere resultaten. Het gaat er steeds om dat er door een positievere benadering nog betere resultaten worden bereikt. Een feit is dat door deze handelwijze de mens steeds meer energie krijgt om iets tot stand te brengen. Energieverlies door negativiteit houdt op. De mens gaat ontdekken dat met een positieve opstelling je alles kunt overwinnen, ook ziektes. Voor de huidige mens is het ondenkbaar dat je jezelf kunt genezen, maar ook dat gaat gebeuren. Nu zijn er al mensen die zichzelf kunnen genezen door een positieve houding naar zichzelf aan te nemen. In de toekomst zal dat heel gewoon en dus aanvaard worden door iedereen.
De mensen zullen elkaar gaan helpen om een ziekte te overwinnen. Uiteraard zal er ook gebruik gemaakt worden van genees-

middelen. Echter die geneesmiddelen zullen vaker een plantaardige basis hebben. Homeopathie zal door iedereen worden geaccepteerd. Er zal veel minder chirurgisch worden ingegrepen.
Ziektes worden door de mensen in verband gebracht met aanleg en levenswijze. Beide oorzaken zijn volledig te genezen mits men de goede houding aanneemt. Met andere woorden, ben jezelf en denk positief, dus aan de basis positief over jezelf.
Dit laatste is wat anders, dan alleen maar positief over jezelf te denken, je hebt het inzicht om positief over jezelf te zijn. Als grondslag hieraan ligt volledige zelfkennis.
Het verminderen van ziektes op aarde heeft tot gevolg, dat de mens veel meer tijd overhoudt om zichzelf te ontplooien.
De mensen zullen hun talenten meer gaan gebruiken en deze verder ontwikkelen.
Verder zal de behoefte aan inhoudelijke kennis over allerlei zaken enorm toenemen.
Mensen vinden het leuk hun kennis te vergroten. En niet alleen dat. Zij willen ook iets met die kennis gaan doen. Zij willen die kennis toepassen. Dit laatste wordt veel gemakkelijker, omdat er geen concurrentie meer is. Concurrentie is iets dat verbonden is aan hebzucht en jaloezie. Als de concurrentie verdwenen is, zijn mensen ook niet meer bedreigend voor elkaar. De ontplooiing van mensen wordt dan veel gemakkelijker. Alles staat ten dienste van de mensheid en dat wordt alleen maar beter.
Misdaad is ook iets dat volledig gaat verdwijnen. De mensen kunnen over alles beschikken wat zij wensen. Waarom pak je dat dan nog van iemand anders af?
Het zal nog wel enige tijd duren voordat de misdaad helemaal is verdwenen.
Veel mensen zijn er nog niet snel aan gewend dat misdaad geen zin meer heeft. Toch zal door de nieuwe manier van straffen, de

eerder genoemde geestelijke isolatie, de misdaad minder lonend worden. Als er een misdaad wordt ontdekt en iemand wordt geestelijk geïsoleerd, dan is dat voor die persoon geen pretje. Hij kan dan alleen uit deze situatie komen door zelf in te zien dat hij verkeerd bezig is geweest. Als hij dit werkelijk inziet, dan volgt vergeving en krijgt die persoon een nieuwe kans. Die nieuwe kans is volledig, al het voorgaande wordt hem kwijtgescholden.
Al deze ontwikkelingen, en nog veel meer, lijken nu voor de mensen op aarde onwaarschijnlijk. Maar wat nu onwerkelijk lijkt gaat in de komende decennia gebeuren.

Waarom wordt dit nu al aan de mensen meegedeeld en omdat het onwaarschijnlijk lijkt zal het wel niet waar zijn?
Er zijn al zoveel voorspellingen gedaan die bij lange na niet zijn uitgekomen.
Om met het laatste te beginnen.
Inderdaad, de mensheid is al een paar keer dichtbij een totale verandering geweest. En wij hoopten dat die drempel zou worden genomen, zo dicht was de mensheid daarbij. En steeds weer bleek die drempel net te hoog. De mensheid viel terug en de ellende werd erger op aarde.
Nu is het aantal mensen op aarde dat verandering wil zo groot, dat er geen weg terug meer is. Het gaat door. Alleen wij ondersteunen jullie nu met dit boek, zodat jullie gaan inzien dat jullie op de goede weg zijn.
Er komen nog een aantal onderwerpen aan de orde, dus lees verder.

Rienk:
Een belangrijke vraag is en blijft, wat houdt het leven op aarde precies in en dan bedoel ik, waarom is de aarde zoals die is? Zijn

er ook andere planeten in het universum en lijken die op de aarde?
Ik wil graag eerst een antwoord op deze twee vragen om daarna naar aanleiding van die antwoorden nog meer vragen te stellen.

De Bron van alles dat is en dat zal zijn:
Het leven op aarde is al heel erg lang geleden gestart.
De mensen denken dat zij zijn geëvolueerd uit de dierenwereld, maar dat is niet het geval. Mensen zijn ontstaan uit mijzelf en zijn de meest ontwikkelde schepselen die er in het universum zijn. Zij hebben alles om zelfstandig te kunnen functioneren en dat is meer dan de dierenwereld heeft. De dierenwereld is onderdeel van het ecosysteem. Wordt dat systeem verstoord, dan gaan er soorten uitsterven.
De mens kan onafhankelijk functioneren van de dierenwereld.
De mens is de hoeder van het leven op aarde. Als de mens beter zou begrijpen hoe het een en ander in elkaar zit, dan zou hij de zaken op aarde beter organiseren.
De plantenwereld werkt als ondersteuning van de dierenwereld.
Natuurlijk heeft de mens voedsel nodig en dat kan hij halen uit de plantenwereld. De mens heeft het helemaal **niet** nodig om dieren als voedsel te gebruiken. De dieren zijn daar ook niet voor bedoeld. De mens is een flora-eter, dus een herbivoor. Dit inzicht heeft de mens nog niet, maar het zal niet zolang meer duren of de mens zal minder vlees gaan eten.
Uiteindelijk zal hij gaan stoppen met het eten van vlees. De mens zal zich dan een stuk energieker gaan voelen en zijn inzicht zal toenemen, omdat zijn geest helderder wordt.
Er zijn nu al mensen op aarde die dit kunnen beamen.
Wij zijn ermee bezig de mensen te laten inzien dat het eten van plantaardig voedsel het beste voor hem is.

Veranderingen volgen elkaar steeds sneller op, maar het collectief loslaten van het eten van vlees zal nog wel enige tijd duren. Dit gedrag is er bij de mens zo diep ingesleten.
De aarde is een bol zoals iedereen weet, en is al heel lang geleden ontstaan doordat het magma is gestold. Die buitenlaag houdt de aarde bij elkaar. De binnenste laag van de aarde is gloeiend heet en is vloeibaar. Bij tijd en wijle komt het binnenste naar buiten door het vuurspuwen van de vulkanen. Het zeewater zorgt voor de afkoeling van de buitenkant van de aarde en de dampkring houdt ook een temperatuurverlaging van de buitenste laag van de aarde in stand.
Het opwarmen van de aarde ontstaat niet alleen door het onzorgvuldig optreden van de mens. Het heeft ook te maken met een veranderde stand van de aarde ten opzichte van de zon. Periodiek verandert de stand van de aarde ten opzichte van de zon en dat heeft weer gevolgen voor de temperaturen die op aarde voorkomen. Die verandering van de stand van de aarde ten opzichte van de zon heeft tot gevolg, dat de straling van de zon naar de aarde intenser wordt. Hierdoor zal de gemiddelde temperatuur op aarde met een paar graden stijgen. Deze stijging zal echter niet meer zijn dan maximaal 5 graden, wat al erg veel is. Hierdoor zal de ijskap gedeeltelijk gaan smelten. Overigens is dit proces al aan de gang. De waterstand van de zee zal gaan stijgen. Hier en daar zal gebied onderlopen, elders zal door stijging van het land gebied aan de zee onttrokken worden.
Het lijkt ondenkbaar dat land omhoog komt, maar zo vreemd is dat helemaal niet. Door de tijd heen is het oppervlak van de aarde aan verandering onderhevig geweest.
Het land is altijd in beweging. Schollen bewegen ten opzichte van elkaar en drukken elkaar naar boven en naar beneden. Gebieden die nu onder het zeeniveau liggen kunnen door die invloeden wel eens gaan stijgen.

De mens zal versteld staan van de plotselinge veranderingen die zich in de toekomst kunnen gaan voordoen. Vooral omdat dit niet voorspeld was door de wetenschap. De kennis die de mens op dit gebied heeft is nogal beperkt. In de toekomst zal de mens gaan inzien dat de aarde een oppervlakte heeft die onder invloed van zowel milieu als kosmische omstandigheden aan verandering onderhevig is. De mens kan op die veranderingen niet erg veel invloed uitoefenen, zij het, dat een goede milieubeheersing wel een bijdrage levert. Hierdoor worden kleine aardbevingen verminderd. Ook zal de mens moeten leren dat ondergrondse atoomproeven krachten kunnen losmaken die onbeheersbaar zijn. Inmiddels weet de mens dat hij hier voorzichtig mee dient te zijn, nog afgezien van het stralingsgevaar.
De mens zal zijn grenzen leren kennen op elk gebied, daarom zal de mens ook veel voorzichtiger worden met het aanvaarden van technieken, waarvan hij de uitwerking niet kent. Bedenk steeds dat het testen van technieken erg belangrijk is voor het verkrijgen van inzicht. Mensen zullen gaan aanvaarden dat er nog meer leven in het universum is. Nu kan dat nog niet omdat de mens de neiging heeft andere wezens te willen overheersen. De mens kan daar nog niet goed mee omgaan. Zodra de mens in staat is de ander als zijn gelijke te beschouwen, zullen wezens van andere planeten contact met de mensen op aarde zoeken. De mensen zullen van die wezens veel gaan leren en zelf ook het universum gaan verkennen.
Nu is de mens, zoals gezegd, daar nog niet aan toe, maar over enkele tientallen jaren kan dat wel. De mens zal dan zien dat het heelal vol zit met allerlei beschavingen die ieder hun eigen ontwikkelingsniveau hebben.
Veel mensen die wél geloven in buitenaardse beschavingen denken ten onrechte, dat de mensen op aarde tot de laagste vorm van beschaving horen.

In het universum zijn beschavingen die minder ver zijn dan op aarde. Daar wordt op die planeten veel strijd gevoerd en degene die macht heeft, heeft het zolang voor het zeggen als hij de mensen kan onderdrukken. Dat dit uiteindelijk tot niets leidt, dat inzicht, begint bij de mensheid op aarde eindelijk te komen.
Laten wij niet teveel aandacht besteden aan die planeten waar door middel van strijd de sterksten overleven.
Ik wil graag iets vertellen over planeten waar de mensen die daar wonen tot het inzicht zijn gekomen, dat leven in evenwicht met jezelf en anderen de beste levensvorm is.
Ook op andere planeten heeft het lang geduurd voordat dit inzicht doorbrak. Nu is het zo dat de mensen daar zichzelf ten volle kunnen ontplooien.
Toch is het niet zo dat daar een stationair bestaan is, De ontwikkeling van die mensen daar gaat verder en verder. Zij zouden graag willen dat zij zich meer op andere beschavingen kunnen richten om de mensen daar te helpen. Dit gebeurt natuurlijk al, maar naar de aarde toe kan dat zoals gezegd nog niet.
De mensheid zal eerst in groten getale dienen te aanvaarden dat zij zich samen aan het ontwikkelen zijn. Dus dat een contact, gemaakt vanuit een andere planeet, bedoeld is voor iedereen. Is dat inzicht er dan gaat de ontwikkeling van de mens steeds sneller.
Nog iets anders over het universum.
Dit is oneindig groot. Zo groot dat het niet door het menselijk brein te bevatten is.
Ook is het ontstaan van het universum niet goed aan de mens uit te leggen, omdat de mens is geconditioneerd dat er altijd een begin en een eind ergens van is.
Het is voor de mens niet eenvoudig aan te nemen dat er altijd iets is geweest, en dat is het geval met het universum. Het is er

altijd geweest en zal er altijd zijn en is altijd aan verandering onderhevig, elke seconde. De aardse mensen vinden dat moeilijk te begrijpen. Zij willen graag weten hoe dat zit. Waar is het begin? Er is geen begin, want het was er al en het is er al en het zal er altijd zijn, punt!
Mensen op aarde zijn bezig hun grenzen af te tasten en proberen te begrijpen hoe alles in elkaar zit. Zij gebruiken daarvoor hun hersenen en daarnaast hun gevoel. Mensen die veel geleerd hebben, proberen veel met hun verstand te verklaren.
Zij komen vaak ver van hun gevoel af te staan, omdat zij hun verstand laten overheersen.
Verstand en gevoel horen bij de mens op aarde hand in hand te gaan met elkaar.
Niet alles is met verstand te beredeneren en niet alles kan ingevoeld worden.
Als de mens leert te vertrouwen op zijn gevoel, en zijn verstand te gebruiken als hij dat nodig heeft, dan zal hij zien dat het beter met hem gaat. Het gevoel van de mens is een soort welbevindingsmeter.
Voelt iemand zich goed, dan kan hij ook goed functioneren en dan werkt zijn verstand ook goed. Voelt iemand zich niet goed, dan vraagt dit al teveel aandacht van hem en dan functioneert zijn verstand ook minder. Het gevoel is altijd de graadmeter of iets goed is. Voelt iets niet goed, doe het dan niet, ook al zegt het verstand ja. Gebruik daarom jouw gevoel steeds als leidraad, dan kun je niet fout gaan in het leven.

Rienk:
Er wordt gesteld dat de mens zelfstandig kan functioneren en de dierenwereld niet.
Hoe kan dat dan?

De mens heeft zoals gezegd alles in huis om zijn eigen leven in te richten en te organiseren. Dieren zijn veel meer afhankelijk van plaatselijke omstandigheden. Het belangrijkste is natuurlijk dat dieren voedsel kunnen vinden waar zij zich bevinden.
Veranderen die omstandigheden, dan kan het zijn dat de dieren daar wegtrekken omdat er geen voedsel meer te vinden is, of er komen andere soorten leven, omdat er een andere vegetatie is gekomen. Dieren zijn niet in staat hun eigen voedselsituatie te veranderen. Zij kunnen wel wat anders gaan eten, maar kunnen zelf niet, zoals de mens, voedsel produceren.
Wat de dieren wel voor hebben op de mens, is een veel beter ontwikkelde intuïtie. Zij vertrouwen geheel op hun gevoel. Zij kunnen ook niet anders, omdat hun verstandelijke vermogens beperkt zijn. Dieren zijn niet in staat tot een rationele benadering van zaken. Dat is ook niet nodig, omdat dieren essentieel anders leven dan mensen.

Mens en dier horen beide op aarde thuis. De mens heeft als opdracht het leven op aarde zo goed mogelijk te organiseren. Het kan niet vaak genoeg worden gezegd dat de mens zich nog niet goed van deze taak bewust is.
Hebben dieren ook iets te leren van hun verblijf op aarde, of is dat niet het geval?

De Bron van alles dat is en dat zal zijn:
Dieren zijn heel anders in de benadering van gebeurtenissen dan mensen. Dieren volgen uitsluitend hun gevoel en handelen daarnaar. Dieren zijn niet op aarde om inzicht te krijgen, hebben een lager bewustzijn dan mensen, maar het is wel de bedoeling dat zij dit mindere bewustzijn ontwikkelen. Echter die ontwikkeling gaat heel anders in zijn werk dan bij de mens.

Het gaat hier met name om het zich handhaven in de groep, en dan hebben we het hier over dieren die in de natuur leven. Niet alle dieren opereren in groepen. Degene die dat niet doen, zijn toch bezig met het opbouwen van een vorm van bewustzijn.

Vanzelf komt dan de vraag nogmaals, kunnen dieren zich ontwikkelen tot mensen?
Het antwoord is dat dit wel kan, maar eigenlijk niet gebeurt, omdat de dierenwereld losstaat van de mensenwereld.
In een volledige evenwichtssituatie zouden mensen en dieren met elkaar kunnen communiceren, waardoor voor ieders situatie volledig begrip ontstaat.
De overgang van mens naar dier of omgekeerd is dan geen punt, want ieder voelt zich dan in zijn eigen situatie het beste op zijn plaats. Hieruit volgt dan ook dat de schepping geen hiërarchisch iets is, maar dat alle werelden apart zijn gecreëerd met het doel samen een eenheid te vormen.
Het enige dat op aarde bereikt zal moeten worden, is een evenwicht tussen alles en het inzicht van de mens dat hij alles zo goed mogelijk moet organiseren. De mens zal zich dienstbaar moeten opstellen en niet zoals hij nu doet als de almachtige heerser over alles.
Als deze veranderde opstelling post gaat vatten zal het leven op aarde een gunstige wending nemen. Laat één ding duidelijk zijn voor iedereen. Er is voldoende plaats op aarde. De mens dient dit goed in zijn oren te knopen.
Het gaat er dus om dat de mens gaat begrijpen dat hij alles op aarde naar eigen inzicht mag organiseren, maar dat het de bedoeling is, dat hij daarbij geen schade veroorzaakt aan de dieren- en plantenwereld en aan de aarde. De mens zal eerst met zichzelf in evenwicht dienen te komen om dit inzicht helemaal

duidelijk voor zichzelf te krijgen. Als de mens dit inzicht eenmaal heeft, zal hij het allemaal ook makkelijker tot stand brengen.
Op dit moment wordt er nog veel schade aan de aarde toegebracht.
Groepen mensen zien al in dat dit zo niet langer kan, maar het totale inzicht bij iedereen laat nog enige tijd op zich wachten. Ook hier geldt, er worden al stappen in de goede richting gezet, maar de echte doorbraak moet nog komen.

Rienk:
Wat veroorzaakt dan die doorbraak?
Heeft dat alleen te maken met het inzicht van de aardbewoners? Hoe kan dat nu? Er zijn toch erg veel mensen die alleen bezig zijn met overleven. Hen zal het een zorg zijn wat er nu met de aarde gebeurt, als zij maar te eten hebben.
Om kort te gaan leg dit eens uit?

De Bron van alles dat is en dat zal zijn:
Ja, dat zal ik bij deze doen.
Inderdaad is het voor velen onbegrijpelijk hoe die door mij gewilde veranderingen eigenlijk zo snel in de toekomst gaan plaatsvinden. Dit heeft alles te maken met het inzicht dat al latent bij de mensen aanwezig is. De gebeurtenissen in het groot liggen vast, zoals ik al eerder heb gezegd. Het wordt nu zaak, dat de mensen met hun inzicht zich individueel gaan aansluiten bij die gebeurtenissen. Met andere woorden zij gaan die gebeurtenissen begrijpen met hun reeds aanwezige inzicht. De mensen worden als het ware wakker uit een langdurige roes. Dat wakker worden gaat vrij abrupt en betekent een omslag in het denken. Naar dat ontwaken wordt toegeleefd door de mens.

Er gebeuren zaken die steeds verder gaan ingrijpen in het individuele leven van de mens. De mens krijgt eerst het gevoel dat hij hieraan niets kan veranderen.
Totdat het allemaal te zwaar voor hem wordt en hij gedwongen wordt iets te gaan doen. Dan zal hij gaan merken hoe snel de veranderingen tot stand komen door een front te vormen met de medemens.
Een aantal keren is dit al gebeurd, vergelijk de snelle omslag in de oostbloklanden.
Mensen willen zelf hun leven inrichten, dat is een oergevoel dat steeds weer terugkomt. Hier kan geen machthebber iets aan veranderen. De groepen mensen die zich bewust worden van dat oergevoel worden steeds talrijker.
Zeker de mensen die de hele dag bezig zijn met het voedselprobleem krijgen er genoeg van te zien hoe een kleine groep in overvloed leeft en de macht heeft.
Je kunt mensen lang in je macht houden met allerlei onderdrukkingsmethoden, maar eens komt er een dag dat het genoeg is geweest.
Eerlijk delen is het devies en diegenen die dat inzien, helpen de veranderingen op gang te brengen. En zoals gezegd, deze verandering komt er, hij is niet meer tegen te houden, ook niet met het grofste geweld. Overigens, machthebbers zien wel in dat het gebruiken van geweld tegen zo'n overmacht geen zin heeft.

Rienk:
Het is mooi dat die verandering er komt maar zijn de mensen dan wel in staat om zonder leiding te leven. Er moet toch altijd een vorm van organisatie zijn om alles beheersbaar te houden en chaos te voorkomen?

De Bron van alles dat is en dat zal zijn:
Ja, dat kun je wel denken dat er altijd een of andere vorm van organisatie zal moeten zijn en die komt er ook, alleen op een veel kleinere schaal. Alles wordt veel overzichtelijker, omdat ieder mens graag wil weten hoe alles in elkaar zit.
Politici zullen bij het lezen van dit alles schamper lachen en denken dit lukt toch niet.
Politici leven nog met de gedachte dat alles tot in de puntjes beheersbaar dient te zijn.
Er worden dan ook steeds meer regels uitgedacht om de samenleving in de hand te krijgen. Zij zullen gaan merken dat dit de omslag juist in de hand werkt. Mensen willen vrij zijn en vrij over zichzelf kunnen beslissen.
Die vrijheid is een oerdrang die altijd weer terugkomt en niet is te onderdrukken.
Iedereen wil vrij zijn in zijn denken en handelen, ook de politici zelf, die dat vergeten lijken te zijn. Zodra politici zich gaan realiseren wat zij werkelijk willen, houden zij op om op dit pad verder te gaan.
Politici zijn mensen die in eerste instantie zich laten leiden door een wat groot eigen ego. Zij doen het voorkomen alsof zij uit een vorm van idealisme bezig zijn. Op enkele uitzonderingen na is dit niet het geval.
Wij vinden het jammer dat er niet veel mensen te vinden zijn die vanuit idealisme in de politiek gaan. Zou dit het geval zijn geweest, dan zag de aarde er heel anders uit dan nu.
Helaas zullen er veel politici zijn die de komende veranderingen niet begrijpen.
Zij gaan zich vasthouden aan de door hen zelf opgestelde wetten. Doel is het volk in de hand te houden. Dit lukt uiteindelijk niet. Het volk wil vrij gelaten worden en wil zijn eigen leven kunnen

inrichten en kan dat ook, omdat zij het inzicht hiervoor krijgen. Politici hobbelen als het ware achter de ontwikkelingen aan en komen pas tot inzicht als het eigenlijk al te laat is. Daarom hebben politici het gevoel dat zij worden verrast door de gebeurtenissen.

Het zal voor veel politici een grote persoonlijke teleurstelling zijn te zien dat de individuele mens zich zo goed zonder hen kan redden. Veel grote politieke leiders van nu zullen de komende veranderingen niet kunnen volgen en daarom volkomen van het openbare toneel verdwijnen.

Ego's zijn nodig om te kunnen functioneren, echter een te groot ego werkt contra-productief en om dat zelf te begrijpen zal er veel zelfinzicht nodig zijn. De huidige vooraanstaande politici zullen met vallen en opstaan tot dat inzicht komen alleen gaat dat veel tijd kosten. Voor een aantal zal dat betekenen dat zij dat inzicht op een andere planeet gaan opdoen.

Wij hebben het gehad over politici, maar er zijn natuurlijk ook anderen voor wie het een en ander gaat veranderen.

Ik denk aan staatshoofden en aan belangrijke ondernemingen die door hun omvang zijn te vergelijken met regeringen van landen.

Staatshoofden zijn in sommige gevallen hun tijd vooruit en dat geldt met name voor een aantal koningshuizen in West-Europese landen.

Deze koningen en koninginnen hebben over het algemeen een zeer hoge opvatting over het dienen van hun volk. Zij proberen daadwerkelijk boven de partijen te staan.

Enkele presidenten van landen in Europa begrijpen dit ook.

Er zijn in de wereld veel regeringshoofden die alleen maar op macht uit zijn, of regeringshoofden die met handen en voeten

gebonden zijn aan partijen die bepaalde belangen hebben. Vergelijk de olie-industrie in de Verenigde Staten.
Een regeringshoofd heeft dan feitelijk niets te zeggen en is dan een marionet van de groep die hem aan de macht heeft geholpen. Hij kan niet anders, maar dit kan dus niet langer zo doorgaan. Deze ontwikkeling wordt door het volk zelf gestopt en dan gaat er in de Verenigde Staten erg veel veranderen.
Het wegvallen van de machtspositie van de olie-industrie doet andere groepen naar voren komen, die veel meer rekening houden met het algemeen belang.
Hoe die verandering gaat is afhankelijk van de situatie die de olie-industrie en de president voor zichzelf creëren. Het kan geweldloos gaan, maar de kans dat er geweld aan te pas komt is heel goed aanwezig.
Door de manier waarop de president aan de macht is gekomen, is er een duidelijk signaal naar het volk uitgegaan dat geld alle invloed heeft.
Dit heeft zeer veel frustratie opgewekt bij groeperingen die dachten op de goede weg te zitten met de ontwikkelingen die door de vorige regering in gang waren gezet.

In een ander land waar op dit moment eigenlijk alleen maar chaos heerst, zal ook het een en ander gaan veranderen. Dit land is Rusland. Een land met een enorm potentieel, omdat hier zeer veel hoog opgeleide mensen wonen, die nu langzaam maar zeker hun hersenen gaan gebruiken en gaan inzien, dat zijzelf de oorzaak van die chaos zijn. Zodra dat inzicht groter wordt, treedt er een verandering ten goede op.
Zij zullen dan in korte tijd erg veel tot stand gaan brengen. Ook hier zal wel het een en ander gaan veranderen op politiek gebied. De zittende heersers zullen hun greep verliezen op het volk en

van het toneel verdwijnen. Niemand zal daarom een traan laten. Hun invloed wordt gereduceerd tot nul.
Men zal alles gaan organiseren in veel kleinere eenheden en hiervan zal een voorbeeldfunctie uitgaan naar de rest van de wereld. De individuele welvaart van de Russen zal enorm toenemen. Misdaad loont daar niet meer, omdat de maatschappij zo transparant is geworden. Iedereen weet daar alles van iedereen zonder dat daar een beklemming vanuit gaat. Want als je geen geheimen hebt, kun je je transparant opstellen. En dat is waar de mensen op aarde naar toe gaan.
Het geheimzinnige gedoe van politici wordt dus volkomen afgebroken en slaat om in openhartigheid. Die openheid maakt ook dat mensen onderling veel vrijer met elkaar omgaan. Mensen zien elkaar als hun gelijke. Afstand tussen verschillende groeperingen gaat volledig verdwijnen.
Voor ouderen onder jullie zal dat even wennen worden, maar ook zij zullen inzien dat het leven hierdoor aangenamer wordt. Relaties zullen oprechter worden en mensen zullen gaan leren wat echte vriendschap betekent. Iedereen zal te maken krijgen met echte vriendschap, dus zonder bijbedoelingen.

En nu natuurlijk een belangrijk onderwerp, hoe zal het gaan met de relaties tussen man en vrouw en tussen mannen en mannen en vrouwen en vrouwen?
Om te beginnen maakt het niet uit of er relaties zijn tussen partners van verschillende of gelijke sekse. Het gaat om de pure liefde voor de ander. Als die liefde puur is, dus volkomen echt, dan is die relatie met de partner zeer hecht. Veel hechter dan relaties die er nu op aarde voorkomen.
Beide partners hebben niet de minste behoefte om in die echte relatie die zij met elkaar hebben nog ruimte te creëren voor een

ander. Met andere woorden er zullen minder zijstappen gaan plaatsvinden. Die behoefte is er gewoon niet meer. Men heeft genoeg aan elkaar.
Op weg naar deze ontwikkeling zal er nog wel het een en ander uit de hand gaan lopen. Dat komt omdat feitelijk iedereen op zoek is naar zijn echte partner waar de liefde puur kan zijn. In de haast om die te vinden worden veel keuzes gemaakt die tot een teleurstelling leiden. Toch zijn er nu al velen die wel een goede keus hebben gemaakt en die voelen dat de relatie met de partner steeds intenser wordt.
De ware liefde breekt door!
En als we gaan voelen wat ware liefde is, ondergaan we een transformatie.
Wij gaan inzien dat liefde de weg is waarlangs wij iets kunnen bereiken. Hoe meer mensen dit inzien des te beter dit is voor de situatie op aarde. Het geweld dat eerst nog wat zal toenemen wordt aan de andere kant gedempt doordat mensen weten dat met geweld niets wordt opgelost. Met geweldloosheid zal de aardbewoner in de toekomst alles tot stand kunnen brengen.

Rienk:
Een nieuw onderwerp en wel **geweld**.
Wij gaan dit onderwerp eens behandelen, omdat mensen eigenlijk helemaal niet begrijpen waarom er zoveel geweld is in de wereld. Wat is dan de oorzaak van al dat geweld?
Geweld is eigenlijk een uiting van onmacht. Dit lijkt in tegenstelling met wat de meeste mensen denken. Bij gebruik van geweld komt immers veel machtsvertoon te pas.
Iemand die overgaat tot het gebruik van geweld denkt dat hij dan sneller het gelijk aan zijn kant krijgt door bijvoorbeeld de ander te verslaan. Soms wordt de ander zelfs gedood.

Geweld werkt altijd contra-productief. De andere partij die wordt aangevallen gaat in de verdediging en zint op wraak. Alles wordt benut om de tegenstander een grotere klap terug te bezorgen. Men denkt dan dat daarmee de ander tot het inzicht wordt gebracht dat verder geweld geen zin meer heeft.
Veelal wordt juist door die houding gewelddadig optreden bevorderd.
Hoe zouden wij moeten omgaan met geweld om dat te laten stoppen en om het zelfs geheel te vermijden?
Laten wij dit maar eens aan de Bron van alles dat is en dat zal zijn vragen, want die kan dit met een voorbeeld aanschouwelijk maken.

De Bron van alles dat is en dat zal zijn:
Rienk, jij hebt in jouw vorige levens ook veel geweld gebruikt om jouw doel te bereiken.
Uiteindelijk ben je gaan inzien dat geweld precies het tegengestelde bewerkstelligde dan dat je wilde bereiken. Het doel waarnaar je op weg was, kwam verder van je af te liggen.
Op aarde grijpen nog veel mensen naar de wapens om hun doel te bereiken.
Op andere planeten, waar menselijke beschavingen verder zijn ontwikkeld, wordt helemaal geen geweld gebruikt. De mensen daar hebben zelfs een afkeer van geweld. Zij weten in hun diepste bewustzijn dat geweld niets oplevert.
Maar wat doen zij dan als zij het niet met elkaar eens zijn, gaan ze de problemen dan uit de weg?
Integendeel, zij gaan de problemen helemaal niet uit de weg. Zij weten dat problemen het beste opgelost kunnen worden door overleg. Met overleg bedoel ik hier daadwerkelijk luisteren naar elkaars standpunten en respectvol met elkaar omgaan.

Het kan nooit zijn dat bij dit overleg een van de partijen meer wint dan de ander.
Dat is ook het uitgangspunt van het overleg niet.
Voor de aardse mens is dit moeilijk te begrijpen. De aardse mens wil er altijd meer uithalen dan er in zit, waardoor de andere partij grotere offers moet brengen en dat werkt niet. De andere partij voelt zich dan overwonnen en dat wekt frustratie op.
Als de aardse mens gaat inzien, dat bij het voeren van overleg ook terdege rekening wordt gehouden met de standpunten van de ander, dan komt men uit de problemen.
De ander zal dan bereid zijn mee te werken aan een oplossing. En bij die oplossing voelt hij zich ook goed.
Op aarde zijn steeds meer mensen die gaan inzien dat op deze manier de problemen aangepakt dienen te worden. Als de aardse mens wat losser komt van zijn bezitsdrang, dan wordt het voor hem makkelijker zo te gaan handelen.
Probeer daarom in jullie privé-leven geweldloos te handelen. Ook naar kinderen toe. Kinderen zijn veel redelijker dan jullie denken. Zij nemen van jullie het geweldloze voorbeeld over. Hoe sneller de aarde af komt van geweld, hoe beter dat is.

Rienk:
Mag ik eens vragen of het geweld ooit op aarde worden uitgebannen?
Het lijkt er zelfs op dat het erger wordt.

De Bron van alles dat is en dat zal zijn:
Ja, geweld gaat op aarde verdwijnen, al was het maar omdat de mensen op aarde er genoeg van krijgen steeds oorlog te voeren. Want wie voeren er oorlogen? Zijn dat de gewone mensen in de straat of anderen?

Inderdaad het zijn de anderen die de oorlog beginnen. Die anderen zijn degenen die aan de macht zijn. Zij hoeven niet zelf te vechten. Zij sturen anderen de oorlog in. De machthebbers manipuleren de gewone mensen die niet weten wat er feitelijk aan de hand is.
En wat gebeurt er nu? De gewone mensen gaan begrijpen dat de machthebbers het belang van het volk helemaal niet voor ogen hebben.
Zodra dit begrip onder steeds meer mensen wordt verspreid, wordt het voor de machthebbers niet meer mogelijk gewelddadigheden op grote schaal te beginnen.
Als dat gaat ophouden, dan zal er gepraat moeten worden om de problemen tussen de verschillende culturele groepen mensen op te lossen.
Er is genoeg ruimte op aarde om iedereen de vrijheid te geven te leven zoals hij dat wil. Maar dat houdt tevens in, dat die vrijheid ook betekent rekening met anderen te houden. En dit laatste gaan de mensen op aarde begrijpen.

Rienk:
Ik zie in dat geweld op aarde eigenlijk zou moeten stoppen. Maar waarom heeft het dan zo lang geduurd voordat dat op aarde mogelijk wordt?
Veranderen de inzichten van de mensen dan ineens zoveel?

De Bron van alles dat is en dat zal zijn:
De mens had een lange, lange weg te gaan om in te zien dat het leven op aarde geen hel is, maar kan worden omgevormd tot een paradijs. De mens heeft alles tot zijn beschikking om dit te bereiken. Maar wat deed de mens, hij probeerde zelf zoveel mogelijk aardse schatten in handen te krijgen om daarmee zijn bezit te kunnen vergroten.

Bezit is iets dat eigenlijk niet bij de mens hoort. Het is helemaal niet nodig dat de mens iets op aarde bezit. De aarde heeft alles wat de mens nodig heeft en de mens kan hierover vrijelijk beschikken. Zodra de mens gaat inzien dat het vergaren van bezit helemaal niet nodig is, laat hij het idee los om alles te moeten bezitten. De mens gaat alles delen met anderen. De hele maatschappij verandert dan. Eigenlijk is dan geld niet meer nodig.

Een en ander houdt in, dat de mens in zijn gedrag naar de medemens anders is geworden. De mensen vertrouwen elkaar dan en proberen het elkaar naar de zin te maken zonder dat zij veel daarvoor van zichzelf hoeven te offeren. Alles komt meer in balans te liggen.

Dus als iemand wat nodig heeft kan hij daarover beschikken zolang hij dat nodig heeft. Heeft die persoon bijvoorbeeld die auto of fiets niet meer nodig, dan wordt die teruggegeven aan de gemeenschap. Zolang die persoon dat object in zijn bezit heeft, zorgt hij ervoor alsof het van hemzelf is. Wordt het object teruggeven, dan zorgt hij ervoor dat het object in goede staat verkeert. Deze manier van leven geeft de mens erg veel voldoening.

Er wordt ook veel zuiniger met grondstoffen omgegaan, omdat er wordt geproduceerd naar behoefte. Niets overtolligs wordt er meer geproduceerd.

De mens hecht veel meer aan geestelijke waarden. Het samen iets tot stand brengen wordt belangrijker. Men kan elkaar vertrouwen. Misdaad loont niet meer, want het heeft geen nut iets bij een ander weg te halen, omdat je over alles wat je wenst kunt beschikken. Deze levenswijze zal in de naaste toekomst gaan doorbreken.

Veel mensen zullen het eerst nog niet begrijpen.

Het verlenen van diensten op basis van, als jij dit doet dan doe ik dat, komt nu al steeds meer voor. Deze handelswijze zal zich verder gaan verspreiden en zal uiteindelijk het geldsysteem overbodig gaan maken. De genoemde veranderingen zullen tot stand komen langs de weg der geleidelijkheid, omdat zoveel mogelijk mensen hieraan mee moeten gaan doen. Hier geldt hoe meer zielen hoe meer vreugd.

Het iets leren is voor mensen erg belangrijk. De mensen die bewuster gaan leven willen meer leren, meer uitdagingen aangaan, iets meemaken. Zij zoeken dit. Hoe groter de uitdaging, des te leuker het is. Dit is iets waar de mensen al heel lang naartoe hebben geleefd. Het kost veel tijd om als mens erachter te komen hoe het leven nu werkelijk in elkaar zit.
De mensheid bevond zich een tijd lang helemaal op het verkeerde spoor. Zij dachten, dat zij individueel zoveel mogelijk bezittingen naar zich toe moesten trekken en die in handen moesten zien te houden. Voor dit laatste is macht nodig. Hoe meer macht, hoe beter je jouw leven op aarde kunt beheersen. Een feit is, dat dit dan een doel op zich wordt, dat door de mens niet vol te houden is. Die macht wordt immers steeds bedreigd door anderen. Veel rustiger is om geen macht na te streven en de ander zijn vrijheid te laten, zodat hij zich kan ontplooien.
Dan zul je zien dat de stress waaronder je leeft, afneemt. Het leven wordt rustiger en je krijgt meer tijd om na te denken over het leven. **Wat doe ik hier op aarde en wat wordt er van mij verwacht? Wat verwacht ik er zelf van?** Deze vragen hebben de mensen zichzelf nog te weinig gesteld, echter, dit zijn zeer belangrijke vragen.
Eigenlijk zijn de vragen nog belangrijker dan de antwoorden, want het feit dat je jezelf die vragen stelt is een teken dat je je wat bewust wordt. En dan gaan we de goede kant op.

Rienk:
Ja, nu worden de mensen zich bewust van het een en ander, maar hoe komen zij dan verder?

De Bron van alles dat is en dat zal zijn:
Deze mensen worden geholpen door mensen zoals jij Rienk.
Jij laat ze zien dat ze op de goede weg zijn en jij probeert hen zich meer te laten realiseren waar ze mee bezig zijn. Jij geeft ze langs intuïtieve weg meer informatie zodat zij verder kunnen. Jij doet dus zeer belangrijk werk.

Rienk:
Wij hebben het in dit boek aldoor gehad over een betere wereld. Er worden voorspellingen gedaan en er wordt gezegd dat die verbetering zich daadwerkelijk zal doorzetten.
Hierop wordt in dit boek min of meer gehamerd. Er wordt gezegd dat de mens deze verandering heeft gewild en dat die nu wordt gerealiseerd.
Hoe werkt dat dan? Iets dat een groep wenst, wordt dat dan zomaar gerealiseerd? Leg dat eens uit aan de lezers. Het lijkt mij allemaal niet zo duidelijk.

De Bron van alles dat is en dat zal zijn:
Ik vind dit een zeer wezenlijke vraag.
In dit boek heb ik verschillende keren gezegd dat de situatie op aarde ten goede gaat veranderen. Als reden heb ik opgegeven dat de mensheid dit heeft gewenst en dat nu de tijd is gekomen dat het wordt gerealiseerd en dat deze verandering niet meer is tegen te houden.
Ik heb nog niet duidelijk verteld hoe deze verandering tot stand komt.

Ik heb dus verteld dat de mensheid dit heeft gewenst gedurende een lange periode en dat de mensen nu steeds meer inzicht krijgen. Maar de vraag is eigenlijk, hoe wordt die wens nu omgezet in werkelijkheid?
In het leven op aarde wordt elke wens van de mens gerealiseerd. Echter, die wens zal dan met zijn hele wezen gewenst dienen te worden en als het ware vastgehouden totdat die is gerealiseerd.
Hoe werkt dat nu in de praktijk?
Ik heb bijvoorbeeld een sterke innerlijke wens, dat ik in de toekomst gelukkig wil worden. Dit is een echt wezenlijke wens van mij. Op dit moment ben ik helemaal niet gelukkig, maar die sterke wens van mij naar geluk houd ik steeds voor ogen.
Uiteindelijk word ik gelukkig, omdat de omstandigheden van het leven zich gaan richten naar die wens gelukkig te worden.
Dus een sterke wens wordt altijd gerealiseerd.
In feite zetten jullie met jullie gedachten de realisatie van wat jullie wensen in gang. Houden jullie die gedachten vast tot de wens is gerealiseerd, dan zien jullie dat die gedachten dus uitkomen.
Het realiseren van gedachten werkt twee kanten op, het gegeven voorbeeld was positief gericht, maar het kan ook negatief gericht zijn.
Bijvoorbeeld als iemand een sterke angst voor iets heeft die niet uit zijn gedachten te bannen is, zal bij vasthouden van die angst, die angst realiteit worden.
De mens dient zich ervan bewust te worden dat hij met zijn gedachten zijn leven bepaalt. Het is dus zaak dat de mens zijn gedachtenwereld onder controle krijgt.
Het onder controle krijgen van de gedachten van iemand is dus iets anders dan het domweg uitbannen van gedachten. Daarom heeft het negeren van onaangename gedachten geen nut. Geef die gedachten een plaats. Doe je dat niet, en verdring je ze, dan

komen ze op een onverwacht moment ineens naar boven en kunnen je bij verrassing overvallen. Daarom is het ook zo belangrijk dat je leert hoe met jouw gedachten om te gaan. Geef jezelf de mogelijkheid om gedachten een plaats te geven.
Probeer erachter te komen waarom je bepaalde gedachten hebt en hoe ze ontstaan zijn. Als je dat kunt zul je zien dat vervelende gedachten teruggeleid kunnen worden naar het moment waarop ze zijn ontstaan. Je geeft ze als het ware een plaats.
Op die manier krijg je jouw gedachten onder controle en leer je negatieve gedachten om te zetten in positieve gedachten.
Dit beschreven proces is het proces van het krijgen van zelfkennis. Hoe meer zelfkennis je hebt, des te beter je jouw gedachten onder controle hebt. Uiteindelijk ben je in staat jouw eigen lot op aarde te beïnvloeden en hoef je niet meer te buigen voor anderen.

Ik heb een ander onderwerp dat ik graag aan de orde zou willen stellen.
En dat is realiteit en subrealiteit.
Laten wij beginnen met de realiteit, dan komen wij vanzelf toe aan de subrealiteit.
Realiteit of werkelijkheid is zoals wij de gebeurtenissen zouden moeten beleven, dit zijn de gebeurtenissen ontdaan van alle subjectieve menselijke interpretaties. Realiteit is wat werkelijk is, de waarheid.
De meeste mensen leven in de waan van de subrealiteit. Dit zijn gebeurtenissen die door de mens zelf zijn vervormd door hun eigen subjectieve interpretatie.
Die subrealiteit veroorzaakt voor de mens veel problemen, omdat iedereen zijn eigen interpretatie aan een gebeurtenis heeft gegeven. Zou de mens uitgaan van de pure realiteit, dus alle sub-

jectieve interpretaties weglaten, en dat wordt bewust gedaan, dan komt hij bij de waarheid der dingen. Het vereist van de mens grote zelfkennis om die zuivere waarheid in zijn leven te gaan toepassen.

Rienk:
Als de mens zelf zoekt naar waarheid, dan kan hij toch worden misleid door de medemens waardoor hij dan toch weer uitkomt bij die subrealiteit?

De Bron van alles dat is en dat zal zijn:
Je zou zeggen dat je gelijk hebt, maar als iemand echt de zuivere waarheid wil weten dan vindt hij die. Jouw vraag wordt dan, hoe kan dat dan?
Zuiverheid van instelling maakt dat jouw inzicht zich gaat vergroten. Je gaat aanvoelen dat die ander bezig is de feiten anders voor te stellen. Die ander krijgt daardoor geen vat op je. Het lukt hem niet om de werkelijkheid aan jou anders voor te stellen. Zodra de ander zich dat gaat realiseren, gaat hij zijn gedrag ten positieve aanpassen.
Hij gaat inzien dat je met de zuivere waarheid het verste komt. Dus een zoektocht naar de zuivere waarheid van iemand die oprecht is, zal succes hebben. Dit is een wetmatigheid.
Hierdoor gaat met name de wereld ook veranderen. Steeds meer mensen op aarde willen weten hoe de gebeurtenissen werkelijk in elkaar zitten. Het wordt dan ook steeds moeilijker feiten anders voor te stellen, dan dat ze werkelijk zijn.

Rienk:
Mooi verhaal, maar ik geloof er helemaal niets van zoals dat door u wordt voorgesteld.

Stel voor, ik wil door dik en dun de waarheid weten, ook al willen anderen mij misleiden. Belangen van anderen kunnen toch wel zo groot zijn dat zij mij die waarheid eenvoudig nooit zullen vertellen? Dus ik zie niet in hoe ik dan achter die waarheid zou moeten komen?

De Bron van alles dat is en dat zal zijn:
Ik zeg ook niet, dat degenen die er belang bij hebben om de feiten te verdraaien, nu ineens wel de waarheid gaan vertellen. Wat wel gebeurt is, dat de omstandigheden zich zodanig wijzigen, dat de waarheid kan worden afgeleid. Denk aan getuigen die gebeurtenissen hebben gezien, sporen die bekend worden. Met andere woorden, die waarheid komt hoe dan ook naar boven. Dat wetende, kan voor veel mensen aanleiding zijn om eens na te denken over leven vanuit de waarheidsgedachte.
Het is veel eenvoudiger te leven vanuit die gedachte, omdat je dan niets meer te verbergen hebt. Dit maakt het leven een stuk eenvoudiger.

Rienk:
Dus het gaat in het leven om niets anders dan de waarheid?

De Bron van alles dat is en dat zal zijn:
Ja, dat is zo.
Het leven voor de mensen wordt daardoor veel overzichtelijker en deze wens, die eigenlijk bij de overgrote meerderheid van de mensen aanwezig is, wordt in de komende decennia realiteit. Door het leven in waarheid van de mens gaat de aarde transformeren naar een veel leefbaarder oord. Dit proces is al begonnen en gaat de komende jaren steeds sneller en sneller.

Een heel ander onderwerp en daar wil ik ook graag bij stil blijven staan als de Bron van alles dat is en dat zal zijn.
Als mens hebben wij op aarde maar een beperkte tijd door te brengen. Die beperkte tijd moeten wij zoveel mogelijk benutten, want anders ben je als mens mislukt. Dit denkt de mens!
Echter hoe kan de mens van zichzelf bepalen of hij al of niet is mislukt in het leven? Als er al sprake zou zijn van een mislukking. Meestal is er helemaal geen mislukking aan de orde, maar zitten de gebeurtenissen wat tegen. Overigens heeft de mens meestal zelf die gebeurtenissen in gang gezet.
Hoe werkt dit precies en wat kan de mens doen, om laten we zeggen zijn mislukkingen te vermijden?
Ten eerste zal de mens zich goed dienen te realiseren dat hijzelf de regisseur is van zijn eigen leven. Niemand kan de mens tot iets dwingen dat hijzelf niet wil. Zelfs kan hij niet ter dood gebracht worden tegen zijn zin. Dit laatste lijkt helemaal onmogelijk en toch is dat zo.

Rienk:
Ik ben erg benieuwd naar uw uitleg.

De Bron van alles dat is en dat zal zijn:
De mens kiest voor een bepaald leven op aarde. Zoals al eerder is verteld, kiest de mens op aarde zijn eigen ouders uit. In overleg met de persoon die geboren gaat worden, wordt bepaald welk soort leven hij gaat leiden. Met andere woorden, wat wil hij in dat leven allemaal gaan ervaren en waar wil hij uitkomen. De ervaring die hij wil opdoen, bepaalt dus het leven dat hij gaat leiden. De grote gebeurtenissen op aarde liggen vast, maar de individuele gebeurtenissen zijn een gevolg van het handelen van de mens zelf.

In dit boek werd reeds gesproken over het voortijdig beëindigen van een leven als de persoon werd gedwarsboomd in zijn leven. Inderdaad komt dit voor. De omstandigheden kunnen zodanig worden dat een leven vastloopt en dat die persoon wordt teruggehaald. Meestal gebeurt dit niet en is de persoon zelf de oorzaak van de moeilijkheden die zijn ontstaan. Die moeilijkheden kunnen behoorlijk vervelend worden en de persoon in kwestie het gevoel geven dat hij is mislukt in het leven.
Alleen, waar meet die persoon dat mislukken aan af. Aan de mensen in zijn directe omgeving die ogenschijnlijk meer succes hebben, omdat zij bijvoorbeeld meer materiële goederen bezitten en meer aanzien hebben?
Het kan zelfs zo zijn, dat iemand die van zichzelf denkt dat hij is mislukt helemaal op de goede weg zit, als je alles objectief beschouwt. Hoe kan iemand weten of hij al of niet goed bezig is hier op aarde? Daar komt hij achter door bij zichzelf te rade te gaan. Als hij zich ontspant en wezenlijk teruggaat naar zichzelf, dan weet hij dat hij goed bezig is.
Dit is een vorm van wezenlijk weten. Het is een soort oergevoel. Als iemand goed bezig is, dan put hij daar kracht uit als hij naar dat oergevoel gaat. Die kracht motiveert hem om door te gaan op de gekozen weg.
Het mislukken van mensen komt daarom minder voor dan de mensen op aarde denken. Hoe groter het inzicht van de mens wordt in zichzelf, des te beter de mensen hun eigen leven kunnen inrichten. De afhankelijkheid van anderen wordt dan ook veel minder.
Hierdoor wordt het machtsdenken van een beperkte groep mensen krachtelozer en zal uiteindelijk verdwijnen.
Positiviteit wint het altijd van negativiteit en dit is iets waar mensen op aarde zich nog niet voldoende van bewust zijn. Als je

iets doet vanuit een positieve gedachte, dan kan er feitelijk niets mis gaan. Dit is ook weer een wetmatigheid en dat weet de mens uiteindelijk ook wel. Alleen er wordt nog te weinig mee gedaan. Zend eens een positieve gedachte naar jouw medemens en je zult zien dat die ander ervan opknapt en ook positiever gaat handelen. Dit werkt echt als een olievlek.
Probeer het uit en je zult zien dat het werkt.

Rienk:
Ik wil graag weten hoe het zit, of je zelf toestemming moet geven om dood te gaan, met andere woorden om je aardse lichaam te verlaten.
Als ik naar mijn eigen situatie terugga, dan kon ik niet anders meer dan er uiteindelijk in toe te stemmen om mijn lichaam te verlaten, omdat dit lichaam onbruikbaar was geworden. Ik kon dus gewoon niet meer verder, maar als het mogelijk was geweest, was ik graag verder gegaan. Ik heb toen ingezien, dat doorgaan op aarde geen zin meer had. Het loslaten van het lichaam was toen voor mij de enige juiste beslissing.
Maar hoe zit het nu met mensen die bijvoorbeeld een ongeval krijgen of vermoord worden?
Geven deze mensen ook toestemming om hun lichaam te verlaten?
Ik denk eerder dat zij door dit voorval worden overvallen en dan kiezen voor het verlaten van hun lichaam.

De Bron van alles dat is en dat zal zijn:
Soms is dat het geval, maar meestal is dat niet het geval en is er sprake van een bewuste keuze van het bovenbewustzijn.
Het bovenbewustzijn bepaalt wat er gaat gebeuren gedurende het leven. In het bovenbewustzijn liggen ook een aantal gebeur-

tenissen vast, die als het ware door de persoon in kwestie gepasseerd dienen te worden. De precieze invulling van die gebeurtenissen worden door die persoon bepaald aan de hand van zijn gekozen levensloop. Hoe elke gebeurtenis eruit zal zien is afhankelijk van hoe die persoon leeft. Hij kan echter die gebeurtenis niet vermijden, omdat die al als het ware ingeprogrammeerd ligt. Het moment van doodgaan ligt van tevoren ongeveer vast, echter het leven kan langer en korter duren en dit is ook weer afhankelijk van de invulling van het leven.
Gaat iemand erg goed in zijn leven en betekent hij erg veel voor zijn omgeving, dan kan dit zijn levensduur in positieve zin beïnvloeden. Met andere woorden hij zal langer leven.
Er zijn ook situaties waarbij de persoon in kwestie van tevoren voor een voortrekkersrol heeft gekozen. Hij zet dan een bepaalde ontwikkeling in gang en valt dan ineens weg, zodat de omgeving de kans krijgt verder te gaan op de ingeslagen weg. Dat wegvallen van die persoon is dan plotseling voor de aardse mens, maar was reeds van tevoren gepland. De persoon in kwestie was het daar dan volledig mee eens.

Rienk:
Hoe zit het dan met het feit dat iemand wordt vermoord?
U zegt dat hij zelf toestemming geeft voor het slagen van die moordaanslag.
Wat gebeurt er dan als die persoon die toestemming weigert?
Blijft hij dan leven, mislukt die aanslag dan?
Leg dat eens uit?

De Bron van alles dat is en dat zal zijn:
Mensen op aarde plegen nog regelmatig een aanslag op het leven van iemand anders, omdat zij denken, als iemand ter

dood is gebracht, hij voorgoed van het toneel is verdwenen. Het is de bedoeling, dat mensen gaan inzien dat het ter dood brengen van de medemens zinloos is. Die persoon die omgebracht is blijft bestaan, alleen de aardse mens ziet hem niet meer. De invloed van die ter dood gebrachte persoon verdwijnt ook niet, want de dader kan door het slachtoffer herinnerd worden aan zijn daad.
Dit kan op twee manieren, in zijn wakende leven en in zijn slaap. Deze ervaring is verre van plezierig. Het is namelijk zo, dat in het universum niemand het recht heeft het leven van een ander te beëindigen. Als het leven op aarde eindigt is dat een beslissing van de persoon zelf en niemand anders.
Feitelijk is de mens vertrouwd met de dood, omdat hij aan deze cyclus is gewend.
Je wordt geboren, leeft en gaat dood.
Echter er zijn uitzonderingen op dit patroon. Voordat ik hier verder op inga, vertel ik jullie dat deze materie niet eenvoudig is. Dat komt omdat alle gebeurtenissen met elkaar samenhangen. Die samenhang moet met elkaar in balans zijn. Is die balans er niet, dan treedt er een mechanisme in werking dat streeft naar een natuurlijk evenwicht. De mens speelt met zijn gedrag een belangrijke rol bij het tot stand komen van een evenwicht. Wordt dat evenwicht verstoord door wat voor gebeurtenis dan ook, dan wordt er weer gestreefd naar een nieuw evenwicht. Er is hier sprake van een slingersituatie, waarbij het evenwicht steeds op een ander niveau tot stand komt.
Als de mens dit mechanisme gaat begrijpen gaat hij ook inzien hoe hij die situatie kan beïnvloeden. Het mooiste zou zijn als de mens bewust gaat streven naar een evenwichtssituatie, waarbij hij kan overzien waardoor dat evenwicht tot stand is gekomen.

Rienk:
Nog niet duidelijk is, hoe de mens toestemming geeft tot het verlaten van zijn lichaam bij een moordaanslag.

De Bron van alles dat is en dat zal zijn:
De mens ziet in, dat er geen uitweg meer is om verder te gaan met het leven en kan dan besluiten zijn lichaam te verlaten.
Ziet hij wel een uitweg, dan kan hij door middel van geesteskracht die moordaanslag proberen af te wenden en meestal lukt dit, omdat het de ander juist aan geesteskracht ontbreekt. Zou de mens zich hiervan meer bewust zijn, dan zouden er minder moorden succes hebben.
De daders veranderen dan in slachtoffers, wat inhoudt, dat zij erachter komen dat zij niet in staat zijn te doden. Zij worden dan hiervoor, dus voor het plegen van de aanslag gestraft, maar geven zichzelf tevens een kans uit dit probleem te komen, door in te zien dat zij fout bezig waren.
Het vorige beschrevene vereist nog wel het nodige inzicht van de mens. Want de mens denkt, hoe kan ik iemand die schietend op mij af komt door geesteskracht van zijn daad afhouden? Hier speelt een rol, dat geesteskracht niet is, het met trots iemand overrulen. Geesteskracht is het beheersbaar houden van een situatie en begrip tonen voor de ander als mens.
Ieder mens heeft behoefte aan begrip en aandacht. Als een ander door jou serieus wordt genomen en respectvol wordt behandeld, dan zal zijn onstuimige gedrag afzwakken. Hierbij speelt een rol, dat je best mag laten zien dat je kwetsbaar bent, maar dat de opstelling van de ander nog kwetsbaarder is. De geesteskracht schuilt daarin, dat de situatie beheersbaar wordt en blijft. Het zal mensen in de toekomst vaker gaan lukken, om moordaanslagen af te wenden doordat hun eigen geesteskracht toeneemt. Dit was

een moeilijk onderwerp en zal door veel mensen voorlopig nog niet goed worden begrepen.
Heb jij het begrepen Rienk?

Rienk:
Ja het is mij duidelijk.

De Bron van alles dat is en dat zal zijn:
Iedereen heeft hier op aarde recht op een menswaardig bestaan.
Dat menswaardige bestaan wordt mogelijk, als mensen meer moeite doen elkaar beter te begrijpen. Daarnaast zouden mensen hun eigen wensen en behoeftes beter moeten kennen. Met dit laatste bedoel ik, dat de mensen bij zichzelf nagaan wat zij van het leven op aarde verwachten en analyseren wat zij er tot nu toe zelf van gemaakt hebben.
Hier geldt heel duidelijk, ben eerlijk en oprecht naar jezelf toe.
Het resultaat is altijd te beïnvloeden, omdat er bijna altijd een uitweg is.
In enkele gevallen loopt iemand volledig vast zonder dat hij daar iets aan kan doen.
Dan wordt het zaak, dat hij door mensen zoals Rienk daadwerkelijk uit de problemen wordt geholpen. Vaak houdt dit in dat de persoon in kwestie zijn lichaam verlaat.
Hij krijgt dan weer een nieuwe kans.

Voor de mensen op aarde lijkt alles van elkaar afhankelijk en alles met elkaar in verbinding te staan. Inderdaad is dat ook zo. Alles behoort tot een geheel en dit is het alles omvattende geheel, de Bron van alles dat is en dat zal zijn. Een andere naam is God. Belangrijk is te weten, dat alles bij elkaar God is, maar dat elk onderdeel los ook God is. De mensen die God buiten zichzelf

zoeken, zijn eigenlijk bezig naar iets te zoeken dat in hen zit. Ik, de Bron van alles dat is en dat zal zijn, bevindt mij in iedere mens en kom tot uitdrukking in iedere mens. Ik herhaal dit nogmaals, omdat dit een onderwerp is, dat voor de mens moeilijk is te begrijpen.
Dus nog een keer, de mens is een onderdeel van mij en ik breng mijzelf tot uitdrukking via de mens. Zodra de mens dit gaat beseffen, gaat zijn inzicht zich verdiepen. Hij begint dan het leven beter te begrijpen.

Ik kom nog even terug op de verantwoordelijkheid van de mens. Daar ik mij manifesteer via de mens, zou de mens kunnen gaan denken, dat alle handelingen van hem mijn handelingen zijn. Het is mijn wil dat de mens een eigen wil heeft en dus zijn eigen zaken kan regelen op zijn eigen manier. Ik treed daar niet in en ben daar ook niet verantwoordelijk voor. Verantwoordelijk is de mens, die zelf handelt.
Als de mens zich gaat realiseren, dat hij een uitdrukking van het goddelijke is, die vrij is in zijn handelen, dan komt hij ook op het idee dat die uitdrukking van het goddelijke, liefde betekent. En liefde overwint alles, dat is de pure uitdrukking van mij.
Om zover te komen heeft de mens een lange weg afgelegd.
Eerst is de mens begonnen met de pure liefde van mij tot uitdrukking te brengen. Hij leefde toen in een maatschappij die volkomen in harmonie was.
Uiteindelijk kwam de mens erachter, dat hij kon afwijken van die harmonie. Hij wilde zichzelf beter tot uitdrukking laten komen, door een plaats voor zichzelf op te eisen.
De samenleving ging toen veranderen, de mensen werden individualistischer en begonnen zich bezig te houden met hun eigen plaats. Dit betekent, dat de eenheidsgedachte werd losgelaten. In

het begin werd er nog wel veel samen gedaan, maar langzaam maar zeker kwamen er mensen die zelf dingen wilden regelen.
Zij probeerden anderen ook te overreden mee te doen en zich af te scheiden. Op die manier ontstonden er leiders die groepen mensen om zich heen verzamelden.
Die leiders maakten de dienst uit in die groepen. Omdat de mensen gewend waren in harmonie te leven ondervonden die leiders in het begin niet veel tegenstand van anderen. Een hele tijd ging het goed, totdat mensen uit die groep ook wel eens leider wilden zijn. Toen ontstonden de problemen. Namelijk die leiders hielden vast aan hun positie. Zij duldden geen anderen op hun plaats.
Dit is heel in het kort hoe de huidige situatie op aarde is ontstaan.

En nu de hamvraag.
God heeft deze verandering zomaar laten gebeuren?
God had toch de macht, om dat machtsdenken van de mens tegen te gaan?
Dan had de mensheid niet al die ellende op aarde gehad en zouden de mensen nu nog steeds in harmonie met elkaar leven. Dat zou toch prachtig zijn!
Ja, dat kan ik niet ontkennen, alleen wat was de mens ermee opgeschoten?
De mens is gecreëerd naar mijn evenbeeld en heeft de mogelijkheid van mij gekregen zichzelf geheel op eigen wijze tot uitdrukking te brengen. Hierin wil ik niet treden.
Doel van dit alles is, dat de mens zichzelf leert kennen. Als hij zichzelf door en door kent, kan hij kiezen voor mij. Hij zal uiteindelijk voor mij kiezen, omdat hij zal inzien dat hij een uitdrukking van mij is. Vroeg of laat komt hij altijd bij mij terug.

Dit verklaart de gebeurtenissen op aarde. De ontwikkeling van de aarde zoals die nu verloopt, komt voort uit de oerwens van de mens om mij tot uitdrukking te brengen.
Daarom verloopt die ontwikkeling nu zoals ik al in dit boek heb beschreven.
Natuurlijk zijn er mensen die nog niet zover zijn, die de huidige ontwikkeling te snel vinden gaan. Zoals al eerder gezegd, is ook voor hen gezorgd en kunnen zij zich in hun eigen tempo verder ontwikkelen op een andere plaats. Ook voor hen geldt, dat zij uiteindelijk weer bij mij terugkomen en gaan begrijpen, dat zij een uitdrukking van het goddelijke, volmaakte, zijn.
Liefde, daar draait alles om, niet alleen op aarde, maar ook in het universum.
Zodra de mens meer gaat doen vanuit de gedachte dat liefde alles overwint, dan gaat de situatie op aarde in een stroomversnelling komen. De eerste tekenen zijn er al en die zijn niet meer terug te draaien. Het gaat voort met die ontwikkeling.
Liefde voor alles dat leeft en alles dat is. Alles bloeit op door de manifestatie van de liefde.
Liefde maakt jong en vitaal.
Liefde heeft begrip voor een ander in zich.
Liefde is het begin en het einde tegelijk.
Liefde is zo veelomvattend, dat het alles kan overwinnen.
Begin met lief te zijn voor jezelf en als je dat kunt dan kun je ook lief zijn voor een ander. Bedenk steeds, het tot uitdrukking brengen van liefde is grenzeloos en overwint grenzen.

Nu gaan we weer verder met een onderwerp, dat op aarde nog steeds niet voldoende is geaccepteerd, het tot uitdrukking brengen van de liefde tussen man en vrouw.

Rienk:
Hoe zit het dan met de liefde tussen partners van gelijke sekse? Is dat hetzelfde?

De Bron van alles dat is en dat zal zijn:
Het maakt in feite niet uit wie men als partner liefheeft, de liefde is van hetzelfde niveau. Bij de liefde tussen man en vrouw speelt bovendien nog een rol dat er nageslacht kan worden voortgebracht, wat natuurlijk bij partners van gelijke sekse niet het geval is.
Om die reden behandel ik de liefde tussen man en vrouw met alles wat daarbij hoort.
Mannen en vrouwen zijn in de basis verschillend, omdat zij verschillende taken in het leven te vervullen hebben. Vrouwen hebben in de wereld van nu nog een achterstelling te overwinnen, hoewel vrouwen net zoveel recht op een menswaardig bestaan hebben als mannen.
Het is al helemaal niet nodig, dat mannen vrouwen zouden moeten overheersen zoals nu gebeurt in sommige landen. Het zal voor de mannen daar wennen worden dat de vrouwen hun eigen plaats gaan opeisen. Zij gaan zich losmaken van de overheersing van de mannen. Vrouwen gaan hun eigen levensweg bepalen, waarbij mannen mogen meepraten op gelijk niveau.
De inhoud van de relatie tussen mannen en vrouwen in landen waar op religieuze basis de man de heerser is, zal een totale verandering ondergaan. In de toekomst wordt de relatie gelijkwaardig.
De man en de vrouw treden in overleg over bepaalde belangrijke onderwerpen, zoals het aantal kinderen, het werk, de keuze van de woonplaats, enzovoorts, enzovoorts.
Door deze situatie wordt het leven van de mannen ook duidelijker.

De trots van de man zal verdwijnen. Hij kan meer zichzelf zijn en zijn hanige gedrag is niet meer nodig. Mannen durven meer hun gevoel te laten spreken en voelen zich niet meer verplicht alle grote problemen alleen op te lossen. Het komt erop neer, dat zowel de man als de vrouw deze problemen tegemoet treden en samen proberen op te lossen.
Het is geen schande meer dat de man tijdelijk een stap terug moet doen als dat nodig is. De vrouw zal dan bijvoorbeeld een stap naar voren doen en als belangrijkste gaan optreden. Dit wordt ook door de man en zijn familie als de normaalste zaak van de wereld gezien. Je bent immers met zijn tweeën. Mannen zullen bereid zijn samen te werken met vrouwen op allerlei gebied. Mannen en vrouwen vullen elkaar aan en dat wordt steeds duidelijker.
De wetenschap zal hier wel bij varen.
Maar pas op! Het gaat niet om een demonstratie van intelligentie.
De wetenschap wordt veel meer gebaseerd op gevoel in combinatie met intelligentie.
Het gevoel geeft aan of je bij het onderzoek op de goede weg zit. Vrouwen hebben een goede intuïtie en zullen dan ook meer hun gevoel laten spreken bij het nemen van beslissingen, terwijl mannen meer uitgaan van het denken.
Samen komen zij tot de beste beslissing.
Zoals al eerder vermeld, is de relatie tussen man en vrouw onderhevig aan een verdieping. Die verdieping houdt in, dat men meer rekening houdt met de gevoelens van de ander op elk gebied.
Het seksuele zal ook weer een belangrijke rol gaan spelen en veel meer als nu gebaseerd zijn op de diepe gevoelens van genegenheid voor elkaar. Hierdoor zal de seksuele beleving veel diep-

gaander worden en zal de zogenaamde one night stand aan waarde inboeten, omdat hierbij de gevoelens voor de ander nauwelijks een rol spelen.
Nu wil ik nog even aandacht besteden aan relaties tussen partners van gelijke sekse. Ten eerste dit is niet ziekelijk zoals zoveel religieuzen en anderen ons willen doen geloven. Het is slechts een voorkeur die iemand heeft en dat kan, waarom niet?
Het is een uiting van liefde voor een ander en is van dezelfde kwaliteit. Het geeft dezelfde gevoelens van gelukzaligheid, dus er is niets mis mee.
Het levert alleen geen nageslacht op, maar daar is ook niets mis mee, omdat de uiting van liefde in de seksuele relatie dezelfde is. En waar gaat het om in het leven, om de liefde toch en dat leidt naar gelukzaligheid.

Rienk:
Hoe komt het dan toch dat relaties tussen partners van gelijke sekse zo negatief worden bejegend door veel mensen?
Daar moet toch een oorzaak voor zijn?

De Bron van alles dat is en dat zal zijn:
Ja, die was en is er zeker.
Een van de veroordelers is natuurlijk de godsdienst in al zijn verschillende vormen. Die wisten er geen weg mee en hebben het toen veroordeeld. Dat is het gemakkelijkste, want dan kun je allerlei uitwassen voorkomen. Vergeten werd, dat daardoor de uitwassen juist in de hand werden gewerkt. Houd allerlei zaken juist boven de tafel en zie wat er dan gebeurt. Dan zul je zien dat de liefde tussen partners van gelijke sekse in de hand wordt gewerkt als er geen alternatieven zijn. Te denken valt aan gevangenissen en kloosters waar alleen mensen van één sekse bij elkaar

zitten. De liefde zoekt een uitweg en dat is dan niet te vermijden. Het celibaat is ook een instelling die dit in de hand werkt. De gevoelens van mensen zoeken altijd een uitweg en daar is niets tegen bestand. Vandaar dat er in feite niets aan de hand is met relaties tussen partners van gelijke sekse.

Rienk:
Is het niet wat ongelukkig gekozen, dat voorbeeld over die gevangenissen, kloosters en het celibaat?
Nu denken de lezers dat, dat de enige oorzaken zijn van relaties tussen partners van gelijke sekse.

De Bron van alles dat is en dat zal zijn:
Inderdaad zullen de mensen denken, oh, dat is dus de enige oorzaak, maar dat is niet zo. Er is geen eenduidige oorzaak voor aan te wijzen. Wat ik echter heb willen zeggen is, als je iets instelt waarmee je de mensen iets oplegt, waar ze maar één kant mee uit kunnen, dan volgen die gevoelens van hen die enige toegestane weg. Hoewel van toegestaan kun je alleen spreken in termen van uitweg.
Maar als mensen van gelijke sekse zich toch tot elkaar aangetrokken voelen, dan is daar helemaal niets mis mee om dat tot uitdrukking te brengen. Net zo goed als er niets mis mee is, dat iemand die eerst alleen was geïnteresseerd in zijn eigen sekse nu zijn aandacht richt op de andere sekse. Het kan allemaal. Het is en blijft het tot uitdrukking brengen van de liefde.
Mensen zullen in de toekomst daar veel toleranter mee omgaan. Hierdoor worden mensen ook minder in een bepaalde hoek gedrukt, waardoor ze de mogelijkheid hebben zich vrijer op te stellen. Het leven wordt voor hen dan ook een stuk makkelijker.

Ik wil het graag hebben over een onderwerp dat nog niet aan de orde is geweest, maar voor veel mensen erg belangrijk is, en dat is de religie.
Op aarde bestaan vele vormen van religies, zonder ze nu afzonderlijk te gaan bespreken, die tot doel hebben de mensen bewust te maken van het bestaan van een God. Om op een goede manier te kunnen geloven, moeten de leden van een bepaalde godsdienst voldoen aan allerlei eisen die zijn beschreven in de regels en wetten van die godsdienst. Bovendien zijn die regels meestal erg streng. Eigenlijk komt het erop neer, dat de leden een deel van hun eigen denken moeten opgeven om aan die wetten en regels te kunnen voldoen. Deze hoge eisen worden niet door mij, de Bron van alles dat is en dat zal zijn, geëist. Ik eis niets van de mensen en ik straf niet en ik heb geen beschikking over een hel en een hemel. Het enige dat ik wil is, dat de mensen leren elkaar lief te hebben.

Ik manifesteer mij via de mens, dus voor mij hoef je geen diensten te houden. De mensen kunnen beter diensten organiseren waarin zij tot uitdrukking brengen dat zij het goddelijke in zich hebben en zich dat realiseren.
Hiermede kun je bereiken, dat de mensen gaan inzien dat zij zich niet hoeven te conformeren aan allerlei regels en wetten. Het kan dus allemaal veel eenvoudiger.
Gedenk het feit, dat je zelf alle mogelijkheden hebt om mij tot uitdrukking te brengen.
Dit kun je samen doen, maar dit kun je ook alleen doen op elk moment van de dag.
Je bewust zijn van mij kan dus overal en altijd. Hoe bewuster je bent van mij, des te beter dat voor jezelf is. Jouw bewustzijn opent zich dan voor mij en daardoor vergroot je jouw inzicht.

En hoe zit het dan met al die kerken en hun leiders?
Ja, dat wordt echt een probleem, want zij denken dat zij de wijsheid in pacht hebben.
Zij denken dat zij precies weten wat ik wil. Het gekke is, dat ik niet wil, wat zij willen dat ik wil.
Begrijp je het nog?
Ik eigenlijk ook niet meer, daarom nogmaals, de kerken en hun leiders bevinden zich op een pad, dat doodloopt als zij niet gaan inzien dat zij zo niet verder kunnen.
Geloven is niet voldoende, het is het weten, dat ik er ben en dat ik besta via jullie! Om mij tot uitdrukking te laten komen, heb je geen kerk nodig. Echter als je per se naar de kerk wilt blijven gaan, breng dan in, dat ik er altijd ben in alles dat geluk tot uitdrukking brengt bij jezelf en niet buiten jezelf. Kerkleiders zoeken alles nog steeds buiten zichzelf en begrijpen niets van het voorgaande. Vandaar, dat het veranderen van de bestaande inzichten van de religies eigenlijk onbegonnen werk is. Je ontmoet alleen maar onbegrip en daarmee veroorzaak je ook vijandschap, want wat ik heb gezegd is erg bedreigend.

Rienk:
Worden de mensen nu niet bang voor de leiders van belangrijke religies?
Het is nogal wat om te zeggen dat de religies niet op het goede spoor zitten.

De Bron van alles dat is en dat zal zijn:
Ik kan niet anders, omdat het een feit is. Overigens de mensen hoeven niet bang te worden voor die kerkleiders, want zij kunnen veel minder kwaad veroorzaken dan zij denken. Hun geloofwaardigheid is al jaren in het geding.

Hoe zou dat komen?
Dat komt, omdat iedere mens wezenlijk voelt dat zij op het onjuiste spoor zitten.
Iedereen die verder wil laat ze verder dobberen, en dat is ook het beste.
De religies zoals die er nu zijn zullen gaan verdwijnen en met hen de leiders.
Jammer, dat het zo zal gaan, maar het kan helaas niet anders.
Wat ervoor in de plaats komt is de beleving door de mens zelf van het goddelijke en daar heeft hij geen kerk voor nodig.

Rienk:
Dus de kerken gaan verdwijnen?

De Bron van alles dat is en dat zal zijn:
Eigenlijk moet ik daar volmondig ja op zeggen, hoeveel het mij ook spijt. Het had anders gekund, maar het loopt anders.

Rienk:
Hebben de religies dan helemaal niets goeds gedaan, historisch gezien?

De Bron van alles dat is en dat zal zijn:
Een zeer goed punt om aan te roeren.
Ik heb diverse keren mensen naar de aarde gezonden, die de mensheid duidelijk hebben gemaakt dat het goddelijke via de mens naar buiten komt. Dus dat het goddelijke niet iets is dat buiten de mens staat. Ik ben een kracht die zich manifesteert via de mens. Ik ben alles dat is, ik bevind mij in alles, dus alles dat is, is God.
Mensen op aarde hebben dat niet kunnen begrijpen.

Zij hebben gedacht, dat kan niet. De God zit niet in de mens. De God staat buiten de mens. In het machtsdenken van de mens paste ook geen God, die zich manifesteert door de mens.
Dit zou betekenen dat de mens niet bang hoeft te zijn voor God, want dan hebben de kerkleiders niets meer te zeggen.
Hoe verder de mens zich ontwikkelde des te moeilijker de kerkleiders het kregen de mens in het gareel te houden.
In moeilijke tijden voor de mens is er nog wel plaats voor een kerk, maar als het de mens economisch goed gaat, dan heeft de mens genoeg aan zichzelf. De kerk probeert het verloren terrein terug te winnen door het invoeren van striktere regels en wetten, of door wat mee te buigen met de opvattingen van de mensen. Dit laatste is natuurlijk goed, maar helaas gaan ze niet ver genoeg.
De vrijzinnige kerken blijven teveel vastzitten aan de oude geschriften die gemaakt zijn door aardse mensen en niet door mij. Van wat uit mijn naam is verkondigd is weinig terug te vinden in die geschriften. Jammer eigenlijk, want dan was alles eenvoudiger gegaan.
Nu is door het machtsdenken van toen de kerk in de problemen gekomen en dan heb ik het over mondiaal alle religies.
De enige weg die nu nog openstaat is, het roer volledig omgooien, maar op dit moment zijn de leiders van de religies niet in staat om dat in te zien. Zij zitten te vast aan de oude geschriften, wetten en regels. Als de geest nog verder uit de fles gaat, is er geen houden meer aan en dan wendt de overgrote meerderheid van de mensen zich af van de religies. Jammer, maar het kan niet anders meer.
Ik juich de nieuwe ontwikkelingen echter toe, omdat dan de zuivere waarheid gaat tellen. Uiteindelijk gaat het om niets belangrijkers dan de zuivere waarheid.

De waarheid is dat ik als de Bron van alles ben in alles, dus ook in de mens en dat ik een uitdrukking ben van alles. Alles wat zich van mij afwendt, komt weer bij mij terug. Dit laatste geeft mij uitzonderlijk veel vreugde. De mens komt weer thuis en gaat mij weer kennen zoals ik werkelijk ben en wil zijn. Hoera! Ik ben zo gelukkig!

Rienk:
Ik ben ook erg gelukkig!
Uitzinnig van vreugde ben ik hiermee!!

De Bron van alles dat is en dat zal zijn:
Ik zou graag een ander onderwerp willen behandelen en dat is het voedsel dat de mens tot zich neemt.
In het voorgaande heb ik al even gezegd, dat het eten van vlees eigenlijk niet bij de mens hoort. Echter de mens is hieraan zo verknocht, dat het nog wel even zal duren voordat hij tot het inzicht komt, dat het eten van vlees niet nodig is. Zonder vlees worden de mensen helderder van geest en blijft de geest ook op hoge leeftijd helder.
Allerlei ziektes zullen gaan verdwijnen. Ik heb het dan over de ziekte van Alzheimer en bij mannen prostaatkanker, darmkanker bij zowel mannen als vrouwen, borstkanker bij vrouwen, leverkanker bij mannen en vrouwen, ziekten van de luchtwegen en oogafwijkingen. Al deze ziektes worden bevorderd door het eten van vlees.
Vlees geeft namelijk een bacteriologisch rottingsproces in het menselijk lichaam, waardoor de vatbaarheid voor genoemde ziektes sterk toeneemt.
Het eten van plantaardig voedsel daarentegen is weldadig voor de mensheid. Mensen die nu reeds plantaardig voedsel eten kunnen daarover meepraten.

Rienk:
Hoe zit het dan met het eten van dierlijke producten zoals zuivel en eieren, kun je dat ook maar beter niet doen?

De Bron van alles dat is en dat zal zijn:
Ja, dat zou beter zijn om hiermee ook te stoppen, maar het eten van deze producten is veel minder schadelijk dan vlees. Zou je zuivel en eieren weglaten, dan zal er toch het een en ander in de voedselproductie op aarde moeten veranderen. Dat gaat in de verdere toekomst ook gebeuren, maar nu nog niet. De mens zal zelf gaan merken, als hij wat verder is in zijn ontwikkeling, dat zuiver plantaardig voedsel het beste is.

Rienk:
En het eten van vis dan? Mag je dat ook niet meer eten?

De Bron van alles dat is en dat zal zijn:
Het is beter ook geen vis meer te eten. Vis is minder schadelijk dan vlees, maar toch is het beter dit ook niet meer te doen.

Rienk:
Ik zie grote problemen ontstaan in de voedselproductie voor al die mensen op aarde. Vertel eens, hoe moet dat dan? Er is toch niet genoeg land om zoveel gewassen te verbouwen?

De Bron van alles dat is en dat zal zijn:
Ten eerste gaat de mens in de toekomst veel minder eten. Al naar gelang zijn spiritueel niveau neemt de behoefte aan voedsel af.
De natuurlijke neiging van de mens om anders te gaan eten wordt sterker. Het wordt uiteindelijk geen punt meer voor de mens om alleen maar plantaardig voedsel te eten.

Dit lijkt nu nog een moeilijk punt, maar over tien tot twintig jaar is er al heel veel veranderd. Er zullen dan nog steeds mensen zijn die vlees eten, maar die vormen dan een minderheid.
Laat ik jullie het volgende zeggen, ik doe nu een aantal uitspraken ten aanzien van het voedselgebruik, die erg onwaarschijnlijk lijken voor jullie, maar ik weet dat het gaat veranderen, omdat dit reeds vastligt.
Het is een voorwaarde voor de verdere ontwikkeling van de mens. Er is geen weg meer terug. Het gaat gebeuren, jullie hebben het zelf gewenst.

Rienk:
Hoe zit het dan met roken, alcoholgebruik en drugsgebruik?
Al deze genotsmiddelen hebben reeds een plaats op aarde. Hoe gaat het daarmee in de toekomst?

De Bron van alles dat is en dat zal zijn:
Laten we beginnen met roken. Het roken geeft de mens een zekere rust als hij in een stresssituatie verkeert. Daarnaast werkt het sterk verslavend. Veel mensen zouden graag van het roken af willen, maar kunnen het niet. Het is dus uiterst moeilijk om met roken te stoppen, als men eenmaal is begonnen. Alleen de sterksten lukt 't het roken op te geven.
Ook hier geldt, dat in de toekomst minder mensen zullen gaan roken en dat het meer mensen zal gaan lukken om met roken te stoppen. Mensen weten dat het beter is met roken te stoppen en dat gevoel wordt steeds sterker, zo sterk dat het de verslaving overwint. Daarnaast zal de jeugd minder snel gaan roken.
Het roken verdwijnt nooit helemaal, maar de groep mensen die rookt wordt erg klein.
Rokers krijgen het maatschappelijk gezien ook steeds moeilijker.

Alcoholgebruik is slecht voor de mens. Het bevordert de aftakeling van het lichaam en dat kan nooit de bedoeling zijn van de op aarde levende mensen. Maar alcohol zorgt ervoor dat je jouw problemen vergeet. Het geeft een prettig licht gevoel in jouw hoofd na een paar borrels.
Ook hier geldt, het gebruik van alcohol loopt terug. Het begint met de sterke drank en daarna komen de licht alcoholische dranken aan de beurt. De mens gaat nieuwe non-alcoholische dranken ontdekken die uitmunten in frisheid. Het drinken daarvan geeft een heerlijk gevoel en je kikkert er geheel van op. Het lijkt erop, dat door het drinken van die nieuwe dranken de mens als het ware wordt herboren. Zo goed voelt hij zich.
Het kan nog wel een aantal jaren duren, voordat deze dranken worden ontdekt.
Het toeval speelt bij de ontdekking een rol. Dit houdt in, dat er niet gericht naar deze dranken wordt gezocht, maar dat die ontstaan uit een combinatie van dranken.
Nogmaals, het zijn dranken waarin geen alcohol zit.

Drugsgebruik is iets dat helemaal gaat verdwijnen. De belangstelling hiervoor ebt weg, mede door het feit dat de mensen er geen behoefte meer aan hebben.
De misdaad die zich hiermee bezighoudt zal eveneens verdwijnen, er is op een gegeven moment gewoon geen vraag meer naar drugs.

Rienk:
Hoe zit het dan met de toepassing van drugs in geneesmiddelen?

De Bron van alles dat is en dat zal zijn:
Ja, je zou denken dat dan nog drugs nodig zijn, maar dat is niet meer zo. Pijnbestrijding gaat op een andere manier, hiervoor

komen, andere, natuurlijke middelen, die meer vanuit de oorzaak werken.
De psychiatrie gaat op een geheel andere wijze werken en daarvoor zijn geen drugs nodig. Drugs zijn verwoestend voor de menselijke geest en tot dat inzicht is de mens eigenlijk al gekomen. De psychiatrie gaat meer oorzakelijk te werk, waarbij ondersteuning door liefdevolle geestelijk rijpe mensen onontbeerlijk is. Het aantal psychisch gestoorde mensen op aarde gaat ook sterk teruglopen. Deze mensen kunnen in de toekomst effectief worden geholpen. Dus de drugs gaan definitief verdwijnen.

Rienk:
Samengevat kan worden gezegd dat de mensen gezonder gaan leven en dus ook langer gaan leven. En dat dat leven veel gelukkiger zal zijn?

De Bron van alles dat is en dat zal zijn:
De mensen die gaan begrijpen dat ik mij manifesteer door de mensen, en de mensen gaan dit inzien, dan worden de mogelijkheden geschapen dat de mensen gezonder, gelukkiger en langer gaan leven. Hoewel, zoals eerder gezegd zal er een groep mensen blijven die deze verandering niet kan aanvaarden. Zij blijven mij en daarmee hun geluk buiten zichzelf zoeken. Deze mensen worden steeds ongelukkiger, omdat zij als het ware hun wereld ineen zien storten door de veranderde opstelling van de mensen, die wel kunnen meegaan met de ontwikkeling.
Ik zal er alles aan doen, om de groep mensen, die de verandering niet aanvaarden, te helpen. Zoals eerder gezegd zijn deze mensen mij even lief als de anderen.
Het is helemaal geen schande als je een ontwikkeling niet kunt volgen. Je krijgt gewoon wat meer tijd om te gaan inzien, dat ik

in je ben en ook ben in alles wat er is en zal zijn. Mijn liefde zal zich dus ook uitspreiden over die mensen die denken dat ik niet in hen, maar buiten hen ben. Via hen zal ik hen bijstaan in het afstand nemen van de aarde, want ook voor hen is een goede overgang naar een andere plaats erg belangrijk.
Op die andere plaats in het universum krijgen deze mensen alle kansen zich verder te ontwikkelen. De nadruk ligt op verder ontwikkelen.
Het zal niet zo zijn dat deze mensen weer helemaal opnieuw moeten beginnen. Dit past niet in mijn plan, waarbij niets verloren gaat wat reeds is behaald.
Ik zal deze mensen op dezelfde manier mijn liefde geven, zoals ik aan iedereen in het universum mijn liefde geef. Mijn begrip en liefde is oneindig en is dat bij ieder wezen en ieder ding dat ik heb geschapen.

Rienk:
Uw liefde voor alles dat is en dat zal zijn is er altijd en is onuitputtelijk.

De Bron van alles dat is en dat zal zijn:
Ja, dat is zo. Laat dat duidelijk zijn en blijven. Het leven op aarde is zeker niet uniek, zoals ik al vaker heb gezegd. Veel mensen denken dat de aarde de enige planeet is waar leven is. Dat er oneindig veel meer planeten in het universum voorkomen waar leven is zal voor veel mensen nieuw zijn. Wanneer ze gaan nadenken, dan zullen zij begrijpen dat het logisch is dat er in het universum meer leven voorkomt.
Waarom kom ik op dit onderwerp terug?

Rienk:
Ja, vertel eens, want hierover heeft u toch al gesproken. Is er dan nog meer te vertellen over het leven in het universum?
Ik zou denken van wel, omdat er nog een aantal zaken niet aan de orde zijn gekomen.

De Bron van alles dat is en dat zal zijn:
Ja, ik wil hierover toch nog wat meer vertellen, omdat dit van belang is voor de mensheid.
Een van de punten is, dat ik jullie vertel dat de bewoners van andere planeten met interesse de ontwikkelingen op aarde volgen. Dit gebeurt al een heel lange tijd.
De mensen op aarde hebben hier weinig van gemerkt, omdat de bewoners van andere planeten zich niet hebben bemoeid met wat er op aarde gaande is. Zij doen dit niet, omdat zij de ontwikkelingen op aarde anders zouden verstoren.
Mijn plan is, dat de mensen op aarde zich op eigen kracht verheffen naar een hoger ontwikkelingsniveau. Verstoring van buitenaf is zoals gezegd niet gewenst en wordt door mij tegengehouden. Dat er zo nu en dan contacten met bewoners van andere planeten en mensen op aarde zijn geweest, dat is waar. Het had een duidelijk omschreven bedoeling en een positieve invloed op de ontwikkeling van de mensheid.
Negatieve invloeden vanuit andere planeten gericht op de aarde zijn, dus door mij tegengehouden, omdat de chaos op aarde alleen maar groter zou zijn geworden. De mensen op aarde zou het dan wel erg moeilijk worden gemaakt het inzicht te krijgen, dat God zich manifesteert via de mens.
Het gaat erom, dat de voorwaarden voor de mens om inzicht te krijgen zo gunstig mogelijk zijn en daar zie ik op toe.

Rienk:
Dus u beïnvloedt **toch** de ontwikkelingen van de mensen op aarde? Dit betekent dat de mensen worden beperkt in het verkrijgen van inzicht! Dit lijkt mij niet uw bedoeling.
Leg nog eens uit hoe een en ander in elkaar zit?
Daarnaast weet ik dat er aardbewoners in contact zijn geweest met bewoners van andere planeten. Sommige aardbewoners zijn als de dood voor die mannetjes, die allerlei rare dingen met hen hebben gedaan.
Verklaar dit eens? Ik begrijp er niets meer van hoe het nu allemaal in elkaar zit.
Kortom ik zou het zeer op prijs stellen, als deze vragen door u eens duidelijk worden behandeld.

De Bron van alles dat is en dat zal zijn:
Natuurlijk zal ik dit onderwerp nogmaals behandelen, met daarbij de vragen die je mij stelde.
Het probleem is wat gecompliceerder dan je zou denken.
In het algemeen is het zo, dat de mensen op aarde alle ruimte krijgen zich op aarde te ontwikkelen. Aan deze ontwikkeling is de voorwaarde verbonden, dat de mensen een eigen wil hebben wat betekent dat ik daarin op individueel niveau **niet** treed.
Op interplanetair niveau mag de mensheid geen activiteiten ontwikkelen, die het universum zouden kunnen schaden. Doen zij dit wel, dan worden die door mij geblokkeerd.
Het kan niet zo zijn dat de mensheid zijn invloedssfeer buiten de aarde uitbreidt.
Dat maakt geen onderdeel uit van het ontwikkelingsplan van de mensheid op aarde.
Rienk, is het antwoord je tot zover duidelijk?

Rienk:
Ja, dat is mij duidelijk.
Het betekent dus, dat op individueel niveau de mens alle ruimte heeft zich te ontwikkelen volgens zijn eigen wil. Gaat de mens collectief activiteiten ontwikkelen die schadelijk zijn voor het universum, dan wordt dat tegengehouden door u.
Maar hoe zit het dan met die contacten van de aardse mensen met bewoners van andere planeten?
U zei toch, dat die alleen positief waren en dat negatieve invloeden door u werden weggehouden. Je hoort toch van mensen die over die slechte ervaringen vertellen.
Wat is dat dan?

De Bron van alles dat is en dat zal zijn:
Dat er zo nu en dan contacten zijn van bewoners van andere planeten met aardse bewoners, dat heb ik gezegd. De negatieve ervaringen van mensen, die verhalen, ken ik natuurlijk. Die mensen vertelden zeer positief over personen die er anders uit zagen en die allerlei dingen met hen deden, waarvan ze niet begrepen wat de bedoeling was.
Of die handelingen een doel hadden, is nog maar de vraag.
Helemaal de vraag is of die ervaringen wel reëel zijn geweest. Het is namelijk zo, dat de geest van de mens zich dingen kan inbeelden, die voor degene die ze zich inbeeldt volkomen reëel zijn, terwijl die ervaringen feitelijk niet reëel waren. Naast die realiteit bestaan er angsten. Die angsten beïnvloeden de fantasie. Mensen die weinig angsten hebben, hebben over het algemeen ook geen waanideeën.

Rienk:
Ik vind dit antwoord nog niet voldoende, omdat u feitelijk zegt dat die mensen waanideeën hadden. Zijn er dan helemaal geen negatieve invloeden uit het universum die op aarde af komen?

Ik zou het op prijs stellen als het antwoord nog wat meer wordt toegespitst op de vraag die ik heb gesteld.

De Bron van alles dat is en dat zal zijn:
Over negatieve invloeden uit het universum gesproken, die inwerken op de aarde, ja, die zijn er. Maar die zijn van een geheel andere orde. Waar wij het over hadden waren de negatieve ervaringen van aardse mensen met buitenaardse wezens.
Ik kan stellen dat die er niet zijn, omdat ik ze blokkeer. Dus slipt er ook niet een negatief ervarinkje tussendoor.
Die ervaringen zoals door jou aangehaald Rienk zijn echt waanideeën, gebaseerd op angsten. De vertellers van deze ervaringen praten daarentegen over een voor hun reële situatie. Strikt genomen is die situatie dus niet werkelijk.
Het is echt zo, dat mensen door hun angsten ervaringen kunnen gaan hallucineren. Dit is overigens een punt waarop een ieder bedacht dient te zijn. De kennis van wat angsten met mensen kunnen doen is nog maar beperkt. De mensen zouden hieraan meer aandacht moeten besteden.
Dan de negatieve invloeden van het universum op de aarde. Deze zijn van een andere orde, zoals ik al zei.
Deze invloeden worden veroorzaakt door de mensheid zelf. Zoals ik al eerder heb gezegd blijven overleden mensen die nog maar weinig inzicht hebben, rond de aarde zweven.
Zij zijn dan niet meer lichamelijk van vlees en bloed, maar hun zielen hangen als het ware nog aan de aarde.

Deze overledenen kunnen een negatieve invloed op aarde gaan uitoefenen als zij doelloos blijven rondzweven. Hogere zielen proberen deze doellozen te overreden mee te komen en zich verder te ontwikkelen, maar dit lukt niet altijd.
Soms kan een overleden ziel zijn oude woonsituatie op aarde niet loslaten en gunt hij de nieuwe bewoners van het huis niet, dat zij kunnen leven in zijn oude huis.
Die nieuwe bewoners worden dan als het ware belaagd door de overleden ziel.
Dit kan erg vervelende vormen aannemen.
Een oplossing hiervoor is, dat wordt geprobeerd door de aardse bewoners om in gebed met die ziel in contact te komen en hem te vragen weg te gaan.

Rienk:
Ja, ik ken dit verschijnsel. Al een aantal keren heb ik zo'n ziel verder geholpen.
Soms betrof het iemand die de doodstraf had gehad. Hij maakte het zijn beulen erg lastig op aarde. Vandaar, pas op met het uitdelen van zo'n straf want het kan zich tegen je keren. Misschien is het goed nogmaals te herhalen dat niemand het recht heeft het leven van iemand anders te benemen.

De Bron van alles dat is en dat zal zijn:
Dit kan ik alleen maar bevestigen. Het leven wordt je door mij geschonken en het is niet de bedoeling, dat het door de medemens voortijdig wordt beëindigd.
Wij gaan toch nog even verder met dit onderwerp.
De mens wordt geboren op aarde en sterft weer als zijn tijd gekomen is.
Wat betekent dit laatste?

Al eerder is aan de orde gesteld, dat de mens wordt geboren en dat hij daarbij zijn eigen ouders uitkiest, zij het met hulp van hoger ontwikkelde zielen. Hij krijgt bij de geboorte een soort blauwdruk van het leven dat hij gaat volgen. :Dit is dan in grote lijnen de weg waarlangs zijn leven zich zal afspelen, in de vorm van de belangrijkste gebeurtenissen.
Er vindt bijvoorbeeld een onvoorzien voorval plaats waardoor die persoon geheel buiten zijn schuld komt te overlijden. Dit kan zijn dat hij wordt vermoord.
Die persoon bevond zich in een situatie waardoor ontsnappen aan die moord niet meer mogelijk was. Het leven houdt dan plotseling op.
Wat gebeurt er dan?

Rienk:
Eerst nog even dit.
Je zou denken, dat wij hadden kunnen voorkomen, dat die persoon gedood zou worden, maar dat kan niet altijd. Wanneer die persoon uitdrukkelijk zelf besluit dat hij dood gaat, dan kunnen wij niets meer doen.
En in dit voorbeeld was dat zo. Vandaar, dat die persoon doodging.
Nu komt die persoon in de onzichtbare wereld en begrijpt niet wat hem is overkomen, omdat die gebeurtenis zo plotseling heeft plaatsgevonden. Die persoon is dan gedesoriënteerd. In zo'n situatie kan de ziel van die persoon gaan dolen. Het is dan aan ons om die persoon zo snel mogelijk te helpen en dat doen wij dan ook. In die dolende situatie kan die ziel zich zeer verlaten voelen. Wij helpen die ziel zich te herinneren dat hij ter dood is gebracht en dat hij zich nu in een andere situatie bevindt.
Zodra hij zich dat realiseert, wordt er met hem besproken wat er is gebeurd.

Die ziel krijgt dan een overzicht te zien van het leven, dat hij tot nu toe heeft geleid.
Daarnaast wordt er samen met hem besloten, hoe er verder wordt gegaan.
Blijft hij voorlopig in de onzichtbare wereld of gaat hij weer terug naar de aarde.
Hij zal dan weer opnieuw geboren gaan worden. De blauwdruk van het nieuwe leven zal overeenkomsten vertonen met het vorige leven.

Nog even terug naar die situatie, dat de ziel doolde.
Het vervelende is dan dat een aantal zielen die zich vlakbij de aarde bevinden hun negatieve invloed kunnen richten naar die juist overleden ziel. Het is dan ook zaak dat wij zo snel mogelijk contact maken met die ziel.

De Bron van alles dat is en dat zal zijn:
Dus negatieve invloeden van zielen, die om de aarde heen zitten zijn er nog steeds.
In de toekomst zal dat minder voorkomen, omdat de dood meer door de mens wordt begrepen en geaccepteerd. Eigenlijk is het doodgaan helemaal niet iets om bang voor te zijn.
Er zijn nu al mensen die graag dood zouden willen zijn, maar die zich hebben voorgenomen om de aarde verder te helpen en daarom aan het leven blijven vasthouden.
Dit zijn de zogenaamde verlichte zielen die het inzicht, dat ik mij manifesteer via de mens, reeds hebben.
De individuele mens is uniek, er bestaat geen tweede van op aarde, maar alle mensen bij elkaar vormen een geheel en alles bij elkaar vormt het universum met alles dat is en dat zal zijn en dat ben ik, God. Iedereen is mij en ik ben iedereen.

Ik herhaal een aantal onderwerpen in dit boek, omdat ik weet dat de duidelijkheid en het begrip ermee is gediend.
De tot nu toe besproken onderwerpen lijken eenvoudig en zijn dat ook als je inziet dat ik er ben via jullie, en dat ik alles ben dat is en dat zal zijn.
De zoektocht die velen houden naar mij buiten zichzelf, maakt de situatie nodeloos ingewikkeld. Ik ben er namelijk altijd, dus op elk moment in iedere situatie. Zonder mij kunnen jullie niet bestaan!
Het is interessant dat jullie je dat eens proberen te realiseren.

Rienk:
Mag ik een onderwerp aan de orde stellen, dat nog niet is behandeld, maar waarvan ik zeker weet dat het de mensen op aarde bezighoudt.
Het gaat om mensen, die met een handicap worden geboren. Sommige van die mensen zijn zo ernstig geestelijk en lichamelijk gehandicapt, dat leven eigenlijk niet mogelijk lijkt.

De Bron van alles dat is en dat zal zijn:
Ik begrijp waar je naartoe wilt, en ik zal daar een zo goed mogelijk antwoord op proberen te geven.
Er zijn zielen die ervoor kiezen om gehandicapt geboren te worden. De beperking, die zij zichzelf door die handicap hebben opgelegd, maakt dat hun leven er niet eenvoudiger op wordt. Het betekent, dat er verzorging nodig is, en van de andere kant zal die ziel moeten proberen zijn levensdoel te bereiken. Dat levensdoel kan zijn het verkrijgen van inzicht op een bepaald gebied.

Een ander geval is dat de handicap is ontstaan door een door de ouders voorziene erfelijkheid.

In dat geval is de geborene eigenlijk nauwelijks levensvatbaar. Er kan dan worden besloten af te wachten tot het lichaam zelfstandig kan leven. Dit houdt in, dat er niet medisch wordt ingegrepen. Als de geborene dan vanzelf doodgaat, dan is dat het beste. Hij krijgt dan een nieuwe kans in een betere situatie.
Als het kind wel blijft leven zijn de ouders moreel verplicht alles te doen om het kind een menswaardig bestaan te geven. Het is dan de bedoeling dat liefde, zuivere liefde wordt getoond. In veel gevallen wordt dat ook getoond en dat stemt mij hoopvol.
In deze situatie is het sterk af te raden het kind actief te doden met als argument, dat je het een nieuwe start wil geven. Omdat niet kan worden overzien wat het te realiseren doel van de pasgeborene is. Het is dan ook niet verstandig het oordeel zelf uit te spreken over zijn toekomst, al zijn de motieven nog zo goed bedoeld.
Hetzelfde geldt voor het beëindigen van leven van ouderen die zeer ernstig ziek zijn.
Moeilijk is vast te stellen of die mensen echt dood willen of dat zij de beslissing liever aan een ander overlaten en eigenlijk hopen dat die nee zeggen.
Als ouderen hun leven willen beëindigen, dan zullen zij dit zelf moeten doen.
Als zij echt dood willen, gaan ze. Willen ze niet, dan blijven ze leven.
Wees voorzichtig met het verlenen van hulp bij zelfdoding, want vaak spelen andere motieven een rol dan die welke de persoon in kwestie de ander doet geloven.
Iedereen heeft het recht over zijn eigen leven en dood te beschikken, een ander heeft dat recht niet. Dit is belangrijk, om je te realiseren, als je ervoor staat.
Het betekent eigenlijk dat je je beter afzijdig kunt houden bij een verzoek om hulp bij zelfdoding.

Rienk:
Mag ik naar aanleiding van het voorgaande een vraag stellen?
U stelt dat iemand kiest voor een leven als gehandicapte. Bepaalt die persoon dan ook zelf welke handicap hij krijgt en de ernst van die handicap?

De Bron van alles dat is en dat zal zijn:
Ja en nee, de keuze van de handicap wordt bepaald door de hogere zielen, die de geboorte begeleiden en niet door de persoon zelf. De persoon in kwestie krijgt wel te zien welke handicap hij zal krijgen. Het kan zijn dat hij die handicap helemaal niet leuk vindt, maar de taak heeft het beste van dat leven te maken.
Vaak valt het niet mee, maar als het lukt dan geeft het een enorme voldoening bij die persoon.

Rienk:
Wist ik van tevoren, dat ik maar kort zou leven, doordat ik ziek zou worden?

De Bron van alles dat is en dat zal zijn:
Ja, dat wist je wel, maar je dacht, daar kom ik wel onderuit omdat ik erg graag wil leven.

Rienk:
Helaas is dat niet gelukt.
Maar nu zie ik in, dat jullie het allemaal goed met mij voor hadden.

De Bron van alles dat is en dat zal zijn:
Zo zie je maar. Oordeel niet te snel, wacht af, dat is beter.

Als je het overzicht hebt, dan kun je het beste tot een oordeel komen.

De Bron van alles dat is en dat zal zijn:
Ik wil graag een onderwerp behandelen dat de mens op aarde in hoge mate bezighoudt, en dat is het ontstaan en het verloop van ziektes.
Ziektes komen in allerlei vormen en soorten voor bij jullie op aarde en de grote vraag die er bij jullie mensen rijst is; hoe ontstaan ziektes?
Is er sprake van aanleg, erfelijkheid of hebben de ziektes een psychologische oorsprong?

Rienk:
Voordat u verder gaat zou ik graag willen vertellen welke oorzaak mijn ziekte had.
Ik wist toen ik werd geboren natuurlijk niet dat ik ziek was. Ik had alleen voordurend de eerste maanden van mijn leven een verschrikkelijke pijn in mijn rug en mijn buik. Overigens een vreselijke combinatie van pijn.
De oorzaak van die ziekte was een aanleg, die reeds voor de geboorte als het ware in het lichaam was ingeweven. Het was dus een ziekte die niet was te voorkomen.
Die ziekte was het doel in mijn leven. Het had als doel dat ik zou leren de mensen die mij bij de behandeling pijn zouden doen, te kunnen vergeven. Ik heb in mijn korte leven geleerd om die mensen dat te vergeven, sterker nog, ik ben van die mensen gaan houden. Hoe kon ik dat?
Ik kon dat, omdat ik in de basis al een positieve instelling had. Die positieve instelling had ik geleerd door vallen en opstaan in de voorafgaande levens die ik had geleid.

Het is dus niet zo, dat ik de problemen die de mensen op aarde nu tegenkomen om verder te komen, toen niet ben tegengekomen. Ook ik heb alle problemen op aarde, in de vele levens die ik heb gehad, moeten overwinnen. En ik kan alleen maar zeggen, dat ging met vallen en opstaan. Wel kan ik zeggen, dat als je de kracht kunt opbrengen eraan te beginnen, dus proberen de problemen van de positieve kant te benaderen, dan ga je inzien dat er vorderingen worden gemaakt. Langzaam maar zeker ga je inzien, dat het positieve het altijd wint van het negatieve, terwijl het in het begin erop lijkt, dat dit juist niet het geval is. Door te volharden keert de situatie zich in positieve richting, en dat wordt dan sterker en sterker.
Juist als je je bevindt in een uitzichtloze situatie is het van belang te zoeken naar de positieve signalen die er zijn en die wijzen in de richting van een oplossing. Ik kan uit ervaring zeggen, dat geen enkele situatie waar een mens in belandt, uitzichtloos is.
Er is altijd een oplossing om daar weer uit te komen.
Soms lukt dat op eigen kracht, soms heb je daar hulp voor nodig van anderen.
Aanvaard die hulp. Het wordt je uit liefde aangeboden. Het komt voor dat het luisteren naar adviezen van anderen zeer zinvol kan zijn. Anderen kunnen de problemen waarin je bent beland beter overzien dan jezelf, omdat je vaak door de problemen helemaal bezet bent. Daarom is het ook van belang, dat je probeert afstand te nemen. Laat de problemen de problemen en ga wat anders doen. Mensen die een hobby hebben kunnen zich het beste gaan bezighouden met die liefhebberij. Daardoor nemen ze afstand en zien ze sneller een oplossing.
Een andere zaak om goed te onthouden is, dat als jou wat is aangedaan door een ander, je jezelf met wraaknemen net zoveel schaadt als die ander, die je schade wil toebrengen. Beter is te

proberen het gedrag van die ander te begrijpen in relatie tot jouw eigen gedrag. Misschien was je zelf wel de oorzaak van het negatief ervaren gedrag van die ander.
Het zou eigenlijk moeten zijn, dat het gedrag van een ander geen enkele invloed heeft op jouw eigen gedrag. Jij bent, die je bent en dat gedrag is van niemand afhankelijk.
In de werksituatie betekent dit dat de stemming van de chef geen invloed heeft op jouw gedrag, want jij bent die je bent, ongeacht het feit dat de chef nu slecht heeft geslapen of niet.
Positieve invloeden werken versterkend op elkaar, vandaar dat het belangrijk is te weten, wanneer je gezamenlijk met iets bezig bent en jullie zijn erg positief gestemd hier een enorme stimulans vanuit gaat. Het resultaat dat er wordt beoogd kan dan veel makkelijker worden bereikt.
Nu weer terug naar de ziektes.

De Bron van alles dat is en dat zal zijn:
Dit was een leerzaam intermezzo en ik vind dat het voorgaande regelmatig door de mensen herlezen dient te worden. Dus positiviteit wint het altijd van negativiteit.
Nog even dit.
Wat te doen als de mensen elkaar door en door haten?
Een oplossing lijkt dan erg ver weg. Het voorstellen van een oplossing door een buitenstaander kan de haat weer doen oplaaien. Toch blijf ik hier zeggen, het positieve wint het van het negatieve. Haat is een uit de hand gelopen negatieve reactie bij jezelf.
Het negatieve gevoel wint het hier van de rede. Een manier om hieruit te komen is, dat er wordt nagedacht door de haatdragende personen over de ontstane situatie.
Het kan nooit de bedoeling zijn dat beiden deze situatie willen laten voortduren.

Beter is om tot rede te komen.
In deze situatie gaat het denkvermogen van de mens een belangrijke rol spelen.
Het denkvermogen van de mens zal het gevoel weer tot rede dienen te brengen.
Lukt dit niet, dan kan dit een oorzaak zijn van allerlei ziektes. Haat is het vuur in jezelf. Het tast jezelf aan. Het kan lang duren voordat je ziek wordt, maar uiteindelijk ontkom je er niet aan. De ziekte die je dan krijgt is afhankelijk van de aanleg die jouw lichaam heeft. De meeste ziektes ontstaan uit een of andere vorm van haat en niet te vergeten uit nijd.

Rienk:
U heeft nog niet uitgelegd wat nijd is.
Is dit boosheid of jaloezie of is het wat anders?

De Bron van alles dat is en dat zal zijn:
Je reageert vlug, Rienk, ik wilde het net gaan uitleggen.
Nijd is een verzamelnaam voor vele negatieve gesteldheden van de mens.
Het kan boosheid betekenen, het kan afgunst betekenen, het kan miskenning betekenen, het kan kleinering betekenen, je kunt er eigenlijk zeer veel voor invullen.
In het algemeen komt het erop neer, dat de persoon die last heeft van nijd zich dus niet goed voelt.
Er is nog iets dat nijd kan veroorzaken en dat is angst.
Angst wordt ingegeven door een werkelijkheid, die op een waan berust. Als je ergens angst voor hebt, dan ben je bang voor iets dat nog geen werkelijkheid is, maar waarvoor je bang bent dat het werkelijkheid gaat worden. Een gezonde dosis angst is goed, omdat je natuurlijk op moet passen, dat je niet roekeloos wordt.

Zeer veel angsten hebben niets uit te staan met roekeloosheid, maar meer met werkelijkheden, die ten onrechte worden verwacht als er bepaalde handelingen worden verricht.

Haat en nijd zijn belangrijke veroorzakers van ziektes bij de mens.
Daarnaast speelt de levenswijze nog een rol, zoals het houden van onvoldoende nachtrust en het eten van bepaalde voedingsmiddelen. Over het eten van voedingsmiddelen heb ik al gezegd dat het eten van vlees slecht is voor de mens. Hierdoor ontstaan ziektes, die voorkomen kunnen worden door te stoppen met het eten van vlees. De mens is van origine geen vleeseter.
Ook is het van belang, dat de mens zichzelf een zekere discipline oplegt in de dingen die hij doet. Met andere woorden; de handelingen en de gesteldheid, het gevoel dat de mens bij het verrichten van die handelingen heeft, moeten met elkaar in evenwicht zijn.
Dat gevoel van evenwicht kun je bij jezelf waarnemen, omdat je je dan erg goed voelt.
Is dat evenwicht verstoord, dan kan dat als het erg lang voortduurt ook weer ziektes veroorzaken.

Rienk:
Zeg eens, bent u een uitvinder van ziektes?
Als ik dat allemaal lees dan lijkt het erop dat ziektes een straf zijn voor afwijkend handelen.

De Bron van alles dat is en dat zal zijn:
Ik heb de mens zo geschapen, dat hij liefde kan ervaren, hij een eigen wil heeft en dat hij dus alles kan doen wat hij wil. De mens is een perfectie en die perfectie zoekt naar een voortzetting van

die perfectie. Dit houdt in, dat alles in evenwicht zal dienen te zijn als er sprake is van perfectie.
Als er geen evenwicht is, dan is die perfectie verstoord en ontstaan er ziektes.
Het lichaam functioneert minder in een niet evenwichtssituatie en dan ontstaan er ziektes. Omdat de mens streeft naar de perfecte eenheid, want naar dat beeld is hij geschapen, zal hij op zijn weg naar dit inzicht met ziektes te maken krijgen.
Hoe groter het inzicht des te beter het evenwicht wordt en des te minder last hij krijgt van ziektes.
Ziektes zijn geen straf, maar een verstoring van het evenwicht en dat is wat anders.
De mens ziet dit als straf, maar in mijn visie is er helemaal geen sprake van straf.
Daarbij, de mens heeft altijd de mogelijkheid zichzelf te genezen van de ziekte als hij maar tot het genoemde inzicht komt. Voor de mens is dit een moeilijk onderwerp, echter als het inzicht van de mens groter wordt, dan gaat hij begrijpen hoe dit perfecte systeem in elkaar zit.

Nog iets over het verloop van de ziektes.
Dit is weer afhankelijk van de schade, die is aangebracht aan het lichaam.
De intensiteit van het verstoorde evenwicht maakt uit hoe het verloop van de ziekte zal zijn. Met andere woorden, een sterk en gezond lichaam dat langdurig bloot heeft gestaan aan een verstoord evenwicht zal, als de eigenaar van dit lichaam de eerste signalen heeft genegeerd, ernstig ziek zijn. Meestal weet de eigenaar van het lichaam al, dat hij ziek is. Alleen hij is zo druk bezig met andere zaken, dat hem die ziekte niet opvalt. Openbaart die ziekte zich, dan weet hij dat het ernstig is.

Neemt hij zich voor zijn leven daadwerkelijk anders in te richten, dan heeft hij een goede kans, dat hij zichzelf geneest. De artsen spreken dan, als het om een ernstige ziekte gaat, van een wonderbaarlijke genezing.
Ziet de eigenaar van het lichaam dat ziek is, niet in wat de oorzaak van de ziekte is, dan hangt het er vanaf hoe ernstig die ziekte is of hij snel geneest.
Is het lichaam door het negeren van de eerste signalen van de ziekte al te ver aangetast, dan zal genezing uitblijven.
Hoe komt het dan toch dat ernstig zieke mensen zolang kunnen leven en anderen plotseling dood zijn?
Deze vraag stel ik, omdat dit een punt is dat zeker bij het lezen van de tekst aan de orde komt. Mensen die ziek zijn willen graag verder leven en willen natuurlijk ook graag genezen.
Doodgaan willen ze absoluut niet, omdat zij bang zijn voor de dood. Die doodsangst maakt, dat zieke mensen in eerste instantie het leven niet gauw zullen loslaten. Zij grijpen elke mogelijkheid aan verder te leven. Hierdoor ontstaat vaak een lange lijdensweg, die uiteindelijk toch eindigt met het overlijden.
Op een plotselinge dood kom ik later terug. Hier spelen nog andere oorzaken een rol.
Het belangrijkste advies dat ik de mensen kan geven is, er bij henzelf achter proberen te komen wat de oorzaak van de ziekte is. Welke gevoelens zijn niet in evenwicht waardoor die ziekte kon ontstaan? Het antwoord van de meesten zal zijn, dat dit moeilijk is.
Hoewel het makkelijker is dan je denkt om de oorzaak van een ziekte bij jezelf vast te stellen. Waar het om gaat is eerlijk te zijn naar jezelf toe. Mensen met zelfkennis zijn eerlijker naar zichzelf en komen gemakkelijker achter de oorzaak van hun ziekte. Zij zullen zichzelf dan ook de rust gunnen, die nodig is om weer te

herstellen. Herstel is de periode die nodig is voor het krijgen van inzicht. Dat inzicht houdt in, dat de zieke weet waarom en waardoor de ziekte is ontstaan.
Hoe zit het dan met de genetische aanleg?
Genetische aanleg voor een ziekte zegt iets over de soort ziekten die een persoon zou kunnen krijgen. Of hij die ziekten ook werkelijk krijgt, is afhankelijk van het inzicht dat hij gedurende zijn leven krijgt. Dus ingrepen preventief laten verrichten, omdat er een genetische aanleg is, is voorbarig. Het is namelijk helemaal niet zeker of die persoon die ziekte ook werkelijk krijgt.
Als je dan toch iets zou willen voorspellen, probeer dan vast te stellen hoever het met het inzicht van die persoon staat. Om dit te kunnen, zal degene die dit gaat doen, zelf een volledig inzicht in het leven dienen te hebben en dat zijn nog maar zeer weinig mensen. Afgezien van het feit dat degenen die het inzicht hebben zich nooit met dit onderwerp zullen inlaten. Iedereen krijgt maximaal de kans te begrijpen dat ik mij manifesteer via de mens.
Ik ben de perfecte eenheid, die liefde uitstraalt.

Rienk:

Op dit moment wordt er genetisch onderzoek gedaan naar de mensheid en wordt er ook genetisch gemanipuleerd.
Wat is daarop uw commentaar?

De Bron van alles dat is en dat zal zijn:
Ja, dat gebeurt.
De mens is natuurlijk van nature nieuwsgierig en wil graag weten hoe hij zelf in elkaar zit, en zou het liefste zichzelf willen creëren.

Ik vind het logisch, dat de mens dit allemaal onderzoekt. Omdat de mens nog te weinig inzicht heeft, komt hij niet ver op dit terrein.
Net als hij denkt dat hij erachter is, zal blijken dat hij eigenlijk nog niets weet.
De schepping zit nog wel wat gecompliceerder in elkaar dan de mens denkt.
Het zichzelf reproduceren van de mens op kunstmatige wijze is tot mislukken gedoemd, zolang het hem aan inzicht ontbreekt. Wat er nu gebeurt, is wat gerommel in de marge en dat zal het voorlopig ook wel blijven.
De mens krijgt pas de kans om zichzelf te herscheppen, als hij volledig heeft aanvaard dat de God zich manifesteert door de mens en alles omvat dat is en dat zal zijn.
Bereikt de mens eenmaal dat niveau, dan is hij de medeschepper van zichzelf geworden en dan zal blijken dat genetisch onderzoek volstrekt overbodig is.
In feite schept de mens al heel veel, hij doet dit door zijn gedachten.
Daarom is het van belang, dat de mens gaat leren dat hij zijn gedachten beter onder controle krijgt. Gedachten zijn de wegen waarlangs de werkelijkheid wordt geschapen.

Rienk:
Dus als de mens zijn gedachten beter onder controle heeft, dan kan dat ertoe bijdragen dat zijn levensituatie verbetert?

De Bron van alles dat is en dat zal zijn:
Ja, dat is zo.
Positieve gedachten werken een verbetering van de eigen situatie en die van de algemene situatie in de hand. Mensen zijn zich

hier veel te weinig van bewust. In de toekomst wordt het mogelijk, dat de mensen elkaars gedachten kunnen lezen.
Het wordt dan veel moeilijker bepaalde zaken voor de ander achter te houden.
Het voordeel is, dat iedereen als het ware transparant wordt, en dat het vertellen van onwaarheden zinloos is geworden. De mens wordt dan vanzelf eerlijker, overigens hij vindt dat dan ook geen enkel probleem meer.
Het leven op aarde wordt dan veel plezieriger, omdat iedereen weet wat er gaande is.
De drang om elkaar te overtroeven verdwijnt geheel. De mensen gunnen elkaar het licht in de ogen. Concurrentie verdwijnt. Men gaat samenwerken en degene die de beste aanleg ergens voor heeft gaat dat werk ook doen en niemand zal hem dat betwisten. Vandaar dat ik nogmaals herhaal, probeer jullie gedachten onder controle te krijgen.
Begin daar nu mee!

Rienk:
U bracht in het voorgaande zelf de plotselinge dood naar voren als vraag, in verband met het verloop van ziektes. Ik zou graag willen weten hoe dit dan zit.
Is een ziekte een veroorzaker van een plotselinge dood?
Het antwoord is, ja.
Maar er zijn nog andere oorzaken.
Zou u al deze oorzaken nog eens kunnen bespreken, zodat het voor de lezer duidelijk wordt.

De Bron van alles dat is en dat zal zijn:
Natuurlijk wil ik dat, ik wil niets liever, dan dat alles wat in dit boek ter sprake komt bij de lezer zo duidelijk mogelijk wordt.

Inderdaad aan een ernstige ziekte kun je plotseling overlijden. Dat gebeurt meestal als de ziekte al in het lichaam aanwezig is, maar de eigenaar van dit lichaam heeft hier niets van gemerkt, of hij heeft niet op de signalen gereageerd.
Hartproblemen zijn oorzaken van een plotselinge dood, hoewel deze problemen vaak langzaam worden opgebouwd.
Het duurt meestal jaren, voordat een hartprobleem zich openbaart.
Hoe ontstaan hartproblemen? Die ontstaan doordat een persoon niet de kans krijgt zich in voldoende mate te uiten.
Het hart is de basis voor de uiting van liefde. Wordt iemand hierin geremd, dan wordt de basis gelegd voor een hartprobleem. Mensen die hun emoties niet kunnen kanaliseren krijgen ook te maken met hartproblemen.
Hartproblemen worden voorkomen als iemand in staat is zijn liefde te uiten naar de medemens. Het uiten van liefde kan zitten in hele kleine dingen, het kan een gebaar zijn, een glimlach en nog allerlei andere manieren.
Denk niet van nu af aan ga ik mijn liefde voor iedereen en alles eens duidelijk uiten, want dan krijg ik geen hartproblemen. Zo werkt het niet. Het uiten van liefde voor een ander, moet deel van jezelf zijn. Het is een natuurlijk onderdeel van jouw hele manier van optreden.
Met andere woorden, door zo op te treden laat je zien, dat je tot het inzicht bent gekomen dat het uiten van liefde naar de ander een natuurlijk onderdeel van jouw gedrag uitmaakt. Dit is dus een heel belangrijk inzicht, dat op deze manier is verkregen. Als je dit inzicht hebt gaat de wereld voor jou veranderen. De mensen worden aardiger naar jou toe. De liefde die je dan uit, is volledig vrij van hebzucht, en stelt geen voorwaarden vooraf en achteraf. Als je dit kunt heb je wat geleerd.

Ik hoop en wens, dat de mensheid zich dit inzicht zo snel mogelijk eigen maakt, want dan verandert er werkelijk iets op aarde.
Ik wil nogmaals benadrukken, dat de mensen op aarde tot dit inzicht zullen komen.
Er is al een groot aantal die dit inzicht hebben, maar de groep zal zich nog verder uitbreiden. Hoe sneller dit gaat hoe beter dit is.

Nu terug naar de plotselinge dood.
Er kunnen ziektes aan de plotselinge dood ten grondslag liggen, maar er kunnen ook andere oorzaken zijn. Die andere oorzaken zijn reeds in dit boek genoemd, maar voor de duidelijkheid herhaal ik ze hier nogmaals.
Iemand heeft in zijn aardse leven zijn doel bereikt. Hij krijgt dan de mogelijkheid te kiezen voor verder gaan met het leven op aarde of weggaan naar de onzichtbare wereld. Kiest hij voor weggaan, dan treedt zijn ziel uit het lichaam en is de persoon in kwestie overleden. Dit gaat heel plotseling. Zo iemand overlijdt meestal in zijn slaap.
Dan hebben we te maken met iemand, die door externe omstandigheden is vastgelopen in zijn leven. Zijn doel zal hij niet meer kunnen bereiken en dus heeft het weinig zin dat hij zijn leven voortzet. Die persoon wordt dan teruggehaald en dat gaat ook plotseling. Dit kan gebeuren via het inslapen, maar er kan ook een ongeluk gebeuren waarbij hij het leven laat.
Dan hebben we nog te maken met de persoon zelf, die door onbedachtzaam te leven zijn leven in gevaar brengt. Hem kan een ongeluk met dodelijke afloop overkomen.
Het kan ook gebeuren dat hele groepen mensen met een overeenkomstige levenswijze tegelijk gaan. Hierbij is geen sprake van toeval. Denk hierbij aan grote ongelukken, waarbij meer dan een persoon het leven laat.

Rienk:
Dus mensen die omkomen bij rampen hebben allemaal verkeerd geleefd?
Dat lijkt mij nogal wat, leg dit eens uit?

De Bron van alles dat is en dat zal zijn:
De werkelijkheid ligt wat genuanceerder dan zoals jij het stelt Rienk.
Het is zeker niet zo dat mensen, die bij rampen omkomen allemaal verkeerd hebben geleefd. Zeker niet. Er kunnen mensen tussen zitten die ondoordacht hebben geleefd, maar er zitten ook mensen tussen die reeds aan het einde van hun levensdoel zijn.
Er zijn mensen die juist worden gered, omdat voor hen de ervaring van het gered worden belangrijk is. Dit maakt dan onderdeel uit van hun levensplan.
Toch kunnen er ook mensen worden getroffen wiens levensdoel nog niet was bereikt, maar die zich ondanks de waarschuwingen van ons toch op die plaats bevonden.
Daarom is het zo van belang dat de mensen beter leren luisteren naar hun gevoelens.
Als er gevaar dreigt worden mensen via hun gevoel gewaarschuwd. Luister daar dan ook naar!

Kan de medische wereld op aarde een plotselinge dood zoals eerder beschreven voorkomen?
Het antwoord is, nee.
De medische wereld kan en mag niet ingrijpen in het lot van iemands leven. Het verloop van iemands leven wordt bepaald door ons en niet door de mensen op aarde, al is de hulp nog zo liefdevol. Met ons wordt bedoeld de Bron van alles dat is en dat zal zijn en de entiteiten met een hoger inzicht. Samen met de

persoon in kwestie wordt zijn levensloop vastgesteld. Hierbij speelt het verkrijgen van inzicht de belangrijkste rol.

Rienk:
Hoe vergaat het mensen op aarde die al inzicht hebben, bepalen die hun eigen moment van doodgaan?

De Bron van alles dat is en dat zal zijn:
Ja en nee. Dit is afhankelijk van het niveau van hun inzicht.
Hoe groter het inzicht des te beter die mensen in staat zijn hun eigen levensloop te bepalen. Echter meestal worden zij geholpen bij het bepalen van hun levensloop.
De enige, die volledig werd vrijgelaten was Jezus. Hij had het inzicht om zijn eigen levensloop te bepalen, al heeft hij dat niet helemaal alleen gedaan. Ik heb hem daarbij geholpen.
Overigens op dat niveau van inzicht is het ontvangen van hulp iets heel normaals en is een teken van ontwikkeling en inzicht.
Niemand kan volledig alleen functioneren, omdat niemand buiten mij het totale overzicht heeft.
Juist het kennen van jouw eigen beperkingen maakt, dat je inzicht hebt verkregen.
Het is belangrijk om je dit te realiseren!

Alwetendheid is iets, dat niet bestaat, omdat alles steeds aan verandering onderhevig is, elke seconde, zelfs elke fractie van een seconde.
Inzicht is heel wat anders dan alwetendheid. Inzicht is dat je begrijpt hoe de dingen in elkaar zitten, dus dat alles God is en dat de mens een onderdeel van God is. De mens kan niet goed solitair functioneren, het beste functioneert hij in samenwerking met anderen. Iedereen zal dienen te begrijpen, dat het elkaar vol-

ledig vertrouwen en accepteren de ingrediënten zijn om goed te kunnen samenwerken. Dit houdt in, dat de mens het vertrouwen waard zal moeten zijn, en dat betekent discipline in jouw leven.
De waarheid dient nagestreefd en uitgedragen te worden. Niets anders, dan de volledige waarheid, pas dan kan men volledig worden vertrouwd.
Als die wens de boventoon bij de meerderheid van de mensen gaat voeren, dan gaat de verandering op aarde in een stroomversnelling.
Ben betrouwbaar, streef de waarheid na en draag die uit en sta open voor contacten met anderen. Niemand is beter of slechter dan de ander.
Iedereen is uniek en dat maakt, dat je een functie hebt in het gehele plan dat wordt toegepast op aarde. Voor iedereen is op aarde plaats en van alle hulpmiddelen en gewassen is voldoende op aarde aanwezig, zodat iedereen goed kan leven.
Laat los die hebzucht, want daardoor belemmer je jezelf alleen maar.

Rienk:
Hoe zit het dan met de alwetendheid van u als de Bron van alles dat is en dat zal zijn?
U weet toch zeker alles?
Er bestaat toch niets dat u niet weet of al niet heeft meegemaakt?
Volgens mij bent u alwetend.

De Bron van alles dat is en dat zal zijn:
Was het maar zo dat ik alles zou weten, dan zou alles al bekend zijn, want ik weet gewoon alles. Zelfs de kleinste verandering in de kleinste hoek zou ik moeten weten nu en altijd! Dat zal

vreemd voor de mensen klinken, maar ik weet niet alles tot in de kleinste uithoeken van het universum, want dat zou betekenen, dat de situatie stil zou staan.
Alles weten is namelijk een constante, dat wordt bereikt als er geen ontwikkeling meer is. En dat is nu in het universum niet het geval, alles is steeds aan verandering onderhevig, niets blijft hetzelfde en daarom kun je niet spreken van alwetendheid, maar wel van inzicht. Inzicht heb ik wel. Ik heb inzicht tot in de kleinste hoeken van het universum wat er allemaal gebeurt en dus van wat er steeds verandert. Ik heb, zou je kunnen zeggen, een totaal inzicht in alles. Zoals gezegd is dat wat anders dan het alwetend zijn.

Rienk:
Moeilijk onderwerp ik hoop dat de lezers het zullen begrijpen.

De Bron van alles dat is en dat zal zijn:
Ik ben het daarmee eens.
Echter als je ervan uitgaat, dat alles in het universum in beweging is, zal je ook kunnen begrijpen dat er geen stilstand is, nooit.
Alwetendheid duidt op een stationaire toestand en die toestand bestaat eenvoudigweg niet in het universum.

Rienk:
Dit betekent voor u, dat u ook wel eens op iets zult stuiten dat nieuw voor u is.

De Bron van alles dat is en dat zal zijn:
Ja, dat komt regelmatig voor, omdat ontwikkelingen zich steeds in een andere richting ontplooien. Overigens begrijp ik die ontwikkelingen goed, omdat ik het totale inzicht heb.

Rienk:
Nu begrijp ik het, er kunnen dus voor u ook nog wel eens onverwachte dingen gebeuren in het universum.
Of niet soms?

De Bron van alles dat is en dat zal zijn:
Nee, alle gebeurtenissen zijn voor mij verwacht, omdat dit een extrapolatie is van het inzicht dat ik heb. Maar er ligt een moment van conceptie van een gebeurtenis en die conceptie kan voor mij nieuw zijn. Zodra die gebeurtenis is gevormd begrijp ik hem.
Begrijp je het nog Rienk?

Rienk:
Dat zou betekenen dat u zich afzijdig houdt van de conceptie van gebeurtenissen.

De Bron van alles dat is en dat zal zijn:
Soms doe ik dat, om te zien waar iets uit komt. Echter uiteindelijk is alles één, dus komt alles weer bij elkaar en vormt weer mijn inzicht.
Een voorbeeld hiervan is de eigen wil van de mens.
De mens heeft van mij de mogelijkheid gekregen te leven volgens zijn eigen wil.
Ik houd mij dus afzijdig van de keuzes die de mens individueel maakt. Die keuzes dienen dan te worden gezien als de concepties, waar ik het eerder over had.

Rienk:
Het blijft een moeilijk onderwerp, maar goed als de mens meer inzicht heeft, zal hij het beter gaan begrijpen.

De Bron van alles dat is en dat zal zijn:
Inderdaad om dit te begrijpen is inzicht nodig, maar er zijn al veel mensen die dit zullen begrijpen en uiteindelijk zal iedereen dit begrijpen.

Rienk:
Ik vind, dat de door u aangehaalde onderwerpen moeilijker worden.
Gaat u niet te ver voor de lezers?

De Bron van alles dat is en dat zal zijn:
Ik vind van niet en ik zal zeggen waarom.
De aardse religies hebben het erover, dat ik alwetend ben en zoals gezegd ben ik dat niet. Zou ik dat zijn, dan zou dat betekenen, dat in het universum zich alles in een soort constante situatie bevindt. Er zou dan geen verandering meer plaatsvinden, wij zouden dan op een vast punt zijn aangeland. Dit is nu en nooit het geval. Altijd is alles aan verandering onderhevig en dit proces gaat eeuwig door. Het is van belang, dat de mens zich dit goed realiseert.
Dus ook de mens heeft constant te maken met veranderingen. Veranderingen van hemzelf en veranderingen van de omgeving. Als hij zich verder wil ontwikkelen zal hij rekening moeten houden met die eeuwige veranderingen.
De mens neemt dus voortdurend beslissingen om op die veranderingen in te spelen.
Hij kan zich ook laten verrassen door die veranderingen en steeds besluiten achteraf op die veranderingen in te spelen. Hij laat dan zijn lot afhangen van de gebeurtenissen. Beter zou zijn het lot te gaan bepalen door zelf het heft van jouw leven in handen te nemen. Jij bepaalt, wat er in jouw leven gebeurt en nie-

mand anders doet dat. En dit is nu wat er in de naaste toekomst gaat gebeuren. De mens gaat zelf bepalen wat hij wil en niet wil en laat dat niet meer aan anderen over.
Die anderen, die dachten dat zij macht over anderen hadden komen erachter, dat er niet meer naar hen wordt geluisterd als de opdrachten die zij geven vervuld zijn van hebzucht en eigenbelang. Voor een overgroot aantal van die zogenaamde leidinggevenden, zal het even slikken worden. Het beste is, dat die leidinggevenden bij zichzelf te rade gaan waar zij nu mee bezig zijn. Respect hebben voor de medemens, waarheidsdrang, betrouwbaar en oprecht zijn, daar gaat het om. Voldoet men aan deze vier vereisten, dan zal het niet moeilijk worden anderen te overtuigen. Genoemd gedrag vereist zelfdiscipline, maar veel minder dan men denkt. Als men zich zo gaat gedragen, zal men merken dat het veel minder moeite kost om anderen voor je te winnen. Zij zullen graag met je willen samenwerken. Die samenwerking zal succesvol zijn en de leden van de groep positieve energie geven. Je zult ook veel meer werk verzetten dan je denkt. Het is ook leuk om met elkaar samen iets tot stand te brengen. Het gaat als het ware allemaal vanzelf.
In het voorgaande heb ik hierover ook al eens gesproken, ik herhaal het nu, omdat het steeds op een andere manier wordt belicht.
Daarmee hoop ik te bereiken dat jullie het gaan begrijpen en niet alleen dat, dat jullie het in jullie dagelijks leven gaan toepassen.

Rienk:
Dus als de mensen zo gaan optreden, respectvol naar elkaar, betrouwbaar, waarheidslievend en oprecht, dan gaat er wat veranderen in de wereld.

Maar gebeurt dit dan al niet ?
Je hoort toch steeds vaker dat de mensen vinden, dat ze anders met elkaar om zouden moeten gaan.

De Bron van alles dat is en dat zal zijn:
Ja, hier en daar gaan de mensen al anders met elkaar om. Al is het nog moeilijk om al die vier punten tegelijk in praktijk te brengen.
En daar gaat het nu juist om.
Het is niet alleen respectvol met elkaar omgaan, maar men zal ook betrouwbaar naar elkaar dienen te zijn, steeds de waarheid willen spreken en oprecht zijn, dus niet werken met verborgen agenda's. Als de mensen precies weten wat zij aan elkaar hebben, dan kan een goede samenwerking van start gaan. Als er dan iets minder goed gaat wordt dat besproken, zonder dat het doel is iemand te beschuldigen of onderuit te halen. Hierdoor wordt er vertrouwen gekweekt en durft men zich kwetsbaar op te stellen. Dan wordt er met maximale inzet gewerkt en worden er minder fouten gemaakt.
Voordeel is, dat er veel efficiënter wordt gewerkt, de beste ideeën komen naar boven en dus werkt het in het voordeel van iedereen.

Rienk:
Maar als iedereen beter gaat produceren, dan kunnen toch veel minder mensen het werk doen?
Komt er dan niet meer werkeloosheid?

De Bron van alles dat is en dat zal zijn:
Integendeel, de mens zal erachter komen, dat er zeer veel zaken op aarde aangepakt dienen te worden. Een van de belangrijkste

zaken is het milieu. Er zal gewerkt gaan worden aan een beter natuurbeheer op aarde. Hiervoor zal veel inspanning nodig zijn. Met name door de ontbossing in bepaalde gebieden is er heel veel schade te herstellen.
Daarnaast zal de mensheid producten gaan voortbrengen, die een veel langere levensduur hebben. Er zullen nog betere materialen worden toegepast in de huizenbouw en de zware industrie.
De mens wil tijd overhouden voor geestelijke zaken, daarom wordt er veel minder geproduceerd voor de groei. Als men alles heeft om een huishouden te runnen, dan gaat men zich interesseren voor het eigen welzijn en dat van anderen. Hiervoor is veel menskracht nodig.

Rienk:
Hoe zit het dan met de voedselvoorziening op aarde?

De Bron van alles dat is en dat zal zijn:
Het zal je vreemd in de oren klinken, maar de gemiddelde mens gaat minder en anders eten. Mensen gaan meer plantaardige producten eten, die makkelijker te produceren zijn. Het eten van vlees neemt sterk af en zal uiteindelijk stoppen.
Het landoppervlak dat nodig is om voedsel te verbouwen voor de wereldbevolking, zal nauwelijks toenemen bij wat nu wordt gebruikt. In de nieuwe situatie heeft iedereen voldoende te eten.

Rienk:
Zal de wereldbevolking dan zo sterk zijn afgenomen? Want als iedereen voldoende te eten wil hebben, heb je toch veel meer grondoppervlakte nodig, ook al wordt er per hoofd minder gegeten?

De Bron van alles dat is en dat zal zijn:
De wereldbevolking zal nauwelijks afnemen bij de situatie in 2001. Het aantal mensen dat zich niet meer thuisvoelt in de nieuwe situatie op aarde is naar verwachting minder groot. De meeste mensen zullen meegaan naar de nieuwe situatie.
De economie zal eerst een sterke teruggang laten zien, maar dit is slechts een signaal dat een en ander anders dient te worden georganiseerd. Europa zal voorop lopen met het zoeken naar nieuwe wegen om de economie op gang te helpen. Die nieuwe wegen zijn dus een andere houding van de mensen ten opzichte van elkaar en de wens om zich spiritueel te gaan ontwikkelen. Voor dit laatste zal tijd dienen te worden gereserveerd.
De werktijden zullen dan ook weer korter worden, dat kan, omdat de vraag naar producten minder wordt. De kwaliteit hiervan wordt immers beter, zodat alles langer meegaat.
Mode in kleding krijgt een spiritueel karakter, hetgeen betekent dat de mensen zich anders gaan kleden. Het formele van de kleding zal gaan verdwijnen. Mensen gaan ook veel informeler met elkaar om en dat betekent weer dat titulatuur en de status van adellijke titels veel minder belangrijk worden gevonden.
Het leven gaat ook wat langzamer, omdat de mensen dat stressy tempo anno 2001 gewoon niet meer willen. Waarom zo hollen en draven, als je wat meer tijd neemt komt alles ook voor elkaar.

Rienk:
En dit gaat zich allemaal afspelen in de komende 30 jaar?

De Bron van alles dat is en dat zal zijn:
Ja, de komende tijd gaat die verandering zich inzetten.
Hoe meer mensen gaan inzien, dat het gaat om respect, betrouwbaarheid, waarheid en oprechtheid, des te sneller die ver-

andering gaat. Ik kan alleen zeggen, dat de voortekenen goed zijn. Er zijn al grote groepen mensen bezig zich anders op te stellen.

Ouderen zullen er rekening mee dienen te houden, dat hun rol snel is uitgespeeld als zij niet mee veranderen met de jongeren. De jongeren laten zonder strijd zien, dat de ouderen hebben afgedaan met hun jacht naar carrière. Laat dat los zou ik tegen de ouderen willen zeggen en ga mee met de nieuwe ontwikkeling. Probeer er wat van te leren! Je bent nooit te oud om te leren!

Ga je mee met de nieuwe ontwikkeling, dan zal je dat een grote voldoening geven.

Je wordt dan weer opgenomen tussen de werkenden en mag weer meedoen.

Bovendien zal je dat verjongen, niet alleen geestelijk, maar ook lichamelijk. Het doet mij vreugde dit tegen jullie te kunnen zeggen!

Rienk:

Het klinkt allemaal mooi, dat het leven op aarde zo leuk wordt voor de mensen als zij maar moeite doen hun inzicht te vergroten.

Voor de anderen, die deze ontwikkelingen niet kunnen bijhouden, kan het wel eens helemaal niet leuk worden op aarde. U zegt, die mensen krijgen op een andere planeet in het universum een kans om in hun tijd tot inzicht te komen. Maar is het dan niet erg voor deze mensen, dat zij het eerst zo vervelend op aarde krijgen. U zegt, dat zij zelf ook van de aarde af willen. Wat maakt het dan zo noodzakelijk dat zij zich dat inzicht, waar steeds over wordt gesproken, eigen maken? Kunnen zij dan niet hier op aarde een eigen plaats krijgen om verder te leven, en de tijd krijgen om tot dat inzicht te komen? Zij zien dan, dat anderen die

dat inzicht wel hebben, gelukkiger gaan leven. Misschien draagt dat er zelfs toe bij, dat zij zich gaan afvragen wat de reden is dat die anderen wel gelukkig zijn. En misschien komen ze dan hier op aarde wel tot dat inzicht.
Ik ben erg benieuwd naar uw antwoord op deze vraag.
Als het aan mij lag, dan gaf ik die mensen op aarde op een aparte plaats een kans zich verder te ontwikkelen.

De Bron van alles dat is en dat zal zijn:
Je moet niet vergeten, dat jij de mensen die niet meegaan met een bepaalde ontwikkeling, niet kunt dwingen dat toch te doen. Deze mensen begrijpen absoluut niet, wat die anderen nu zo gelukkig maakt, terwijl zij slechts ongelukkiger worden. Daarom is het geen oplossing deze mensen op aarde verder te laten leven. Daarbij, er gaan dan duidelijk twee groepen mensen ontstaan en dat kan weer aanleiding geven tot allerlei conflicten.

Rienk:
Dus er wordt in dit geval door u regelend opgetreden door die mensen naar een andere planeet te verplaatsen. Hiermede voorkomt u conflicten.
Is dit niet tegen de uitspraak van u dat de mens een vrije wil op aarde heeft en dat u daarin niet treedt?
Ik ben erg benieuwd naar uw antwoord.

De Bron van alles dat is en dat zal zijn:
Ten eerste treed ik niet regelend op.
Ten tweede door de situatie die op aarde gaat ontstaan, voelt die groep mensen die de ontwikkelingen niet kan volgen, zich ongelukkiger worden. Hun wens wordt, dat zij van de aarde af willen. Waarom zou ik die mensen niet de kans geven ergens anders tus-

sen min of meer gelijkgestemden zich verder te ontwikkelen. Uiteindelijk komen ook zij tot het inzicht, alleen doen zij er wat langer over. Wat maakt dat uit. Ik geef ze hiervoor graag de gelegenheid.
Daarnaast is het de bedoeling, dat op aarde een situatie komt die uitdrukkelijk door de mensen is gewenst, die van vrede en voorspoed. Die wens wordt nu gerealiseerd en dat maakt, dat die groep mensen die deze ontwikkeling niet kan volgen niet op aarde kan blijven, anders houden de conflicten op aarde niet op. Dat is dus de reden dat het zo zal gaan als ik heb gezegd. Het ligt dus besloten in het plan.
Het is voor beide partijen het beste. Want beide krijgen de kans zich verder te ontwikkelen. Op deze manier blijft het mogelijk, dat beide groepen hun leven voortzetten volgens hun eigen vrije wil. En daar treed ik niet in, zoals inmiddels al zo vaak is gezegd.

Rienk:
Ik wil een onderwerp aan de orde stellen dat in dit boek nog niet is besproken. Wat is toch de oorzaak dat mensen zich niet verder ontwikkelen ten aanzien van het inzicht dat zij al hebben, terwijl je zou denken, dat die verdere ontwikkeling zeer makkelijk zou moeten gaan. Ik heb dit al vele keren gezien bij mensen. Zij maken zich een bepaald inzicht eigen, hebben daar veel moeite voor gedaan en dan blijven ze als het ware stilstaan in hun ontwikkeling.
Heeft dit te maken met begrip, dus dat zij tot op zekere hoogte inzichten begrijpen, of ligt het aan iets anders?
Ik zou op deze vraag graag een antwoord willen hebben.

De Bron van alles dat is en dat zal zijn:
Mensen op aarde zullen altijd moeite blijven doen om erachter te komen hoe alles op aarde in elkaar zit. Dit is een zogenaamde

oerdrang. Dus nieuwsgierigheid is in feite aangeboren, maar nu komt het. Iedere keer als iemand een stukje inzicht heeft verkregen, zal hij moeten gaan werken aan zichzelf. Om jouw inzicht te vergroten is zelfkennis onontbeerlijk. Het vergroten van zelfkennis vereist veel inspanning. Als mens word je dan met de goede en slechte kanten van je karakter geconfronteerd en voor veel mensen is dat erg moeilijk. Jezelf van een afstand bekijken en de feiten op een rij zetten, dat is erg moeilijk. Hierdoor gaat het vergroten van het inzicht van de mensen hoe zij zelf functioneren, dat God zich manifesteert via de mens en dat de mens een onderdeel is van één geheel, erg langzaam.
Er zijn nog een aantal oorzaken die van invloed zijn op een langzame ontwikkeling.
Met name in landen waar voedselschaarste heerst hebben de mensen wel wat anders te doen dan zich bezig te houden met het verkrijgen van inzicht. Overigens zijn deze mensen gemiddeld genomen gelukkiger dan de mensen die baden in weelde.
Je zou denken dat het andersom was, maar door het feit dat arme mensen volledig zichzelf kunnen zijn maakt, dat zij gelukkiger zijn. Mensen die erg rijk zijn, hebben steeds het probleem, hoe houd ik die rijkdom in stand? Zij zijn bereid daar veel offers voor te brengen en dan heb ik het over karaktervastheid en medemenselijkheid.
Als de rijken zouden begrijpen, dat het delen van hun rijkdom met de armen hen zeer veel vreugde en voldoening oplevert, dan zouden zij veel gelukkiger zijn. En niet alleen dat, zij kunnen dan weer zichzelf gaan zijn.
Zij hoeven dan niet meer allerlei manipulaties uit te halen om hun bezit veilig te stellen.
De mensen op aarde zijn helemaal vergeten, dat de aarde ter beschikking staat aan iedereen die de aarde bevolkt. Van alle

grondstoffen is voldoende om alle mensen in welvaart te laten leven. Als je nu naar de aarde kijkt is alles niet eerlijk verdeeld. De rijken zijn nog steeds bezig nog rijker te worden en schrikken voor geen enkel middel terug om hun bezit veilig te stellen. Zij vergeten dat uiteindelijk alles weer terug gaat naar de aarde, omdat alles vergankelijk is. Hoe harder je je aan iets vastklampt om het te behouden des te sneller ben je het kwijt. Ga daarom los met de bezittingen om die je zijn toebedeeld. Laat anderen ervan meegenieten. Verdeel de overtollige bezittingen onder de mensen, die het kunnen gebruiken en vermijdt verspilling.
Het is niet de bedoeling dat goederen en voedsel worden verspild en dit geldt met name voor mensen die in overvloed leven.

Rienk:
U spreekt steeds over een andere situatie op aarde, waar mensen beter met elkaar omgaan. Hoe zit het dan, met mensen die in overvloed leven? Gaan die inzien, dat er wat zal moeten veranderen of gaat die verandering op een andere manier?

De Bron van alles dat is en dat zal zijn:
Ten eerste zijn er al grote groepen mensen die vinden, dat een herverdeling van de welvaart absoluut noodzakelijk is.
Een begin zal er gemaakt dienen te worden met het opstellen van spelregels, zodat groepen mensen niet meer mogen worden uitgebuit. Het werk van een ieder dient redelijk te worden beloond en een eigenaar van een onderneming dient zich veel maatschappelijker op te stellen. Dit betekent, dat gelden verdiend in de ondernemingen dienen te worden gebruikt om de werknemers verder te helpen.
Dat geld dient niet te worden besteed aan allerlei luxe zaken waar uiteindelijk niemand wat aan heeft.

Is de mens tot het inzicht gekomen, dat het elkaar helpen en dus ook het uitwisselen van kennis de aarde vooruit helpt, dan zal iedereen gaan inzien dat er een daadwerkelijke vooruitgang wordt geboekt. Er komt dan meer evenwicht tussen de verschillende landen en dat maakt dat er verder kan worden gegaan met deze ontwikkeling. Uiteindelijk zullen er geen landen meer op aarde zijn en de mensen kunnen zich overal vestigen als zij dit willen.

Rienk:
U praat over een tijdsbestek van ongeveer 30 jaar dat nodig is om deze veranderingen door te voeren. Is dat niet wat kort? Als we terugkijken heeft een veel minder ingrijpende ontwikkeling dan tot nu toe veel langer geduurd. Daar zijn eeuwen overheen gegaan.
Ik zou wel eens willen weten waarom die ontwikkeling nu dan ineens zoveel sneller gaat?

De Bron van alles dat is en dat zal zijn:
Nu komen wij bij het tweede punt van mijn verhaal.
Op dit moment worden er mensen op aarde geboren, die vinden dat er duidelijk wat moet veranderen. Zij kunnen de huidige situatie op aarde niet langer aanzien.
Vele, vele levens eerder hebben deze mensen zich voorbereid op dit moment.
Ook zijn er al grote groepen mensen op aarde, die al in grote bescheidenheid werken om de medemens te tonen dat er iets zal moeten veranderen.
Zoals eerder gezegd wordt de groep mensen, die een verandering wil en gaat doorvoeren steeds groter op aarde en daarom zal die verandering ook worden gerealiseerd. Er is geen weg meer terug

en het is ook niet meer te blokkeren door mensen die niet mee willen veranderen.
Zoals eerder gezegd krijgt deze groep die niet wil veranderen, die overigens in de minderheid is, elders een nieuwe kans. Nogmaals deze mensen zijn mij even lief als de veranderingsgezinden.

Rienk:
Komen er dan geen grote economische crises of erger nog oorlogen om die veranderingen af te dwingen?

De Bron van alles dat is en dat zal zijn:
Nee, door de verandering van het inzicht van de jongeren zullen die in staat zijn de weg van de geleidelijkheid te volgen. Alhoewel, zo geleidelijk gaat het nu ook weer niet, omdat er momenten zullen zijn waarop ontwikkelingen sneller gaan. Het hele proces van verandering zal als een sneeuwbal gaan, dus langzaam beginnen en steeds sneller en sneller gaan met daar tussenin versnellingen en vertragingen.
Echter dit zullen op het geheel maar korte momenten zijn. Ik ben zeer verheugd, dat er nu iets gaat veranderen en dat het doorzet.

Rienk:
U zegt dat de mensen, die deze veranderingen niet kunnen volgen, naar elders gaan.
Maar eerst krijgen zij nog een rottijd op aarde, omdat zij niet mee willen veranderen.
Dat lijkt mij toch niet zo leuk voor die mensen. Worden deze mensen dan door helemaal niemand geholpen? Als dat zo is, dan lijkt mij dat erg vervelend voor ze.

De Bron van alles dat is en dat zal zijn:
Door mensen zoals jij, Rienk, worden deze mensen bijgestaan. Bovendien moet je niet vergeten, dat er wordt geprobeerd deze mensen zover te krijgen, dat zij meedoen aan de veranderingen op aarde. Dus ook de aardse mens gaat proberen deze mensen op andere gedachten te brengen. En als dat dan helemaal niet lukt worden deze mensen van de aarde afgehaald. Zij sterven dan en krijgen zoals gezegd, een nieuwe kans op een andere planeet in het universum. Op die planeet wonen reeds mensen in ongeveer dezelfde situatie als de mensen op aarde nu. Die mensen daar liggen in tijd achter bij de ontwikkelingen op aarde nu.
Daarom krijgen de ex-aardbewoners daar een kans om zich verder te ontwikkelen.
Zij zullen zich daar relatief gelukkig gaan voelen. Echter zodra zij zich daar hebben ontwikkeld tot het niveau van de aarde, dan komen zij weer terug naar de aarde.
Dit kan dus allemaal en gaat ook gebeuren.

Rienk:
Dit antwoord stelt mij gerust.

De Bron van alles dat is en dat zal zijn:
Ik kan niet vaak genoeg zeggen, iedere mens is mij even lief, geen enkele mens, waar dan ook in het universum, uitgezonderd.

Wat betekent het gevoel, ik ben verlaten? Jullie zullen zeggen wat een raar onderwerp, maar ik, de Bron van alles dat is en dat zal zijn, wil daar toch bij stil blijven staan.
In de wereld waar jullie wonen zijn er zeer velen die zich verlaten voelen. Deze mensen hebben het gevoel, dat zij nergens meer bij horen en dat zij het op aarde helemaal alleen moeten uitzoeken.

Individualisme is iets, dat bij tijd en wijle goed is. Het is soms goed jouw eigen weg een tijdje te gaan. Dit vergroot de kennis over jezelf. En geeft tevens mogelijkheden jouw creativiteit verder te ontwikkelen. Niemand kan je dan afremmen in jouw ontwikkeling.
Echter dien je er altijd rekening mee te houden, dat er op aarde medemensen zijn.
Laat zien, dat je in hen bent geïnteresseerd. Andersom zijn ze ook in jou geïnteresseerd. Zonder de medemens ben je niets op aarde. Jullie hebben elkaar nodig. Vandaar, dat het zo vreemd is, dat mensen zich steeds meer afzonderen en denken, ik kan met die anderen niets bereiken.
Het tegendeel is waar!
Sla de handen ineen en probeer samen iets tot stand te brengen. Hoe meer zielen, hoe meer vreugd, is niet zomaar een holle frase, het is realiteit. Sta ergens voor en draag dat uit. Win de medemens voor jouw gedachten van liefde en vrede, dan bereik je wat. Mensen die zich afzonderen zullen merken, dat zij overal buiten komen te staan. Zij worden steeds eenzamer, terwijl dat helemaal niet nodig is.
Jongeren vinden elkaar juist wel. Ouderen sluit je daarbij aan en doe niet of je alles weet, want dat is niet zo. Ouderen zullen nog veel moeten leren. De gebruikelijke levenscyclus wordt doorbroken.
Het wordt niet meer, jeugd, daarna volwassen en werken en daarna pensioen en dan vooral bij dit laatste niets meer doen. Juist de gepensioneerden zullen actiever moeten worden. Niet alleen maar liggen luieren, maar deelnemen aan het leven. Laten zien wat ervaring betekent. Nieuwe dingen ontdekken en toepassen. Gewoon vol in het leven blijven staan. Op die manier zullen ouderen merken, dat zij volop mee kunnen doen aan de

nieuwe ontwikkelingen. Zij voelen zich veel jonger en actiever en zij zijn dat in feite ook.
Jeugd en de ouderdom vervagen op die manier. Men blijft langer jong.
De huidige ouderen zullen daaraan moeten wennen, omdat zij veelal het inactieve rolpatroon hebben aangenomen. Zij zullen zich dus moeten aanpassen. Hopelijk kiezen zij daarvoor. Wij hopen dit van harte, omdat de ervaring van hen de jeugd sneller verder kan helpen. Degenen die niet meedoen zullen sterk vereenzamen en dat zal voor hen niet leuk zijn. Zij kunnen deze situatie zelf beëindigen, als zij dit maar willen.
Dus bedenk, dat mensen elkaar nodig hebben om verder te komen. Iedereen heeft hierin een taak, maar je moet wel willen. Eigenlijk zijn de komende veranderingen juist erg leuk en geven energie. Vandaar dat wij hopen dat de mensen in groten getale de handen ineen slaan.

Rienk:
En als de mensen dat nu eens allemaal niet doen. Zij blijven lekker individualistisch. Ieder voor zich en God voor ons allen, alleen als ik God maar niet ben! Dit lijkt mij logisch als je om je heen kijkt en ziet hoe alles nu gaat. Men probeert samen te werken maar het mislukt vaak. Daardoor raken mensen teleurgesteld in de ander en in zichzelf.
Leg nu nog eens uit, hoe het dan allemaal anders kan?

De Bron van alles dat is en dat zal zijn:
Ja, als je nu naar de wereld kijkt, dan denk je, ze gaan nooit iets samen doen, want er mislukt zoveel. Is dat eigenlijk wel zo?
Nee dus, het gaat veel beter op aarde, alleen nog niet in alle gelederen. De mislukkingen worden in de media breed uitgemeten.

De successen worden nauwelijks gemeld. Dat laatste zou juist moeten! Dat motiveert de mensen om verder te gaan op de ingeslagen weg. Bedenk, het positieve wint het altijd van het negatieve. Dit is een wetmatigheid.
De mensen op aarde zijn reeds de positieve weg ingeslagen, zij het nog schoorvoetend, maar zij voelen dat zij op de goede weg zitten, vandaar dat de sneeuwbal gaat rollen. En gelukkig willen de meeste mensen verder op deze ingeslagen weg. Dus is er wel degelijk een verandering ten goede en deze verandering is blijvend.

Rienk:
Dus die verandering ten goede is blijvend?

De Bron van alles dat is en dat zal zijn:
Juist ja, zoals ik al zo vaak in het voorgaande heb gezegd.

Rienk:
Hoe zit het dan, met de maatschappelijke ontwikkelingen? Gaat bijvoorbeeld de economie in de wereld harder groeien? Komt er meer welvaart voor iedereen?

De Bron van alles dat is en dat zal zijn:
In het voorgaande heb ik reeds aangegeven, dat de mensen meer aandacht krijgen voor geestelijke waarden. Bezit wordt minder belangrijk, hoewel het in de eerste tijd nog wel blijft bestaan. Evenals het geldsysteem, dat de komende tijd blijft bestaan.
Uiteindelijk gaat het geldsysteem verdwijnen, maar dat duurt nog wel even.
Laten we zeggen dat over ruim honderd jaar het geldsysteem is verdwenen.

Rienk:
Maar in het voorgaande sprak u over circa 30 jaar. Hoe kan dat? Is er in de tussentijd iets veranderd?

De Bron van alles dat is en dat zal zijn:
Nee hoor, de komende circa 30 jaar komen de grootste veranderingen.
Echter om zover te gaan dat het geldsysteem kan worden afgeschaft, daar is nogal wat voor nodig. De mensen zullen elkaar dan door en door moeten vertrouwen en dat duurt langer. Vergeet niet, dat over om en nabij de 30 jaar de mensen elkaar al veel meer vertrouwen. Het duurt echter veel langer, voordat zulke ingrijpende stappen als het afschaffen van het geldsysteem worden genomen. Hiervoor is een samenleving nodig die geheel in harmonie is. Niemand is dan meer uit op eigen voordeel. Iedereen houdt rekening met de ander. De ontwikkeling naar dit doel is reeds begonnen en gaat gestaag verder. Ik zal er alles aan doen de mensen te helpen met zichzelf in harmonie te komen. Want alle ontwikkelingen die de mensen als groep willen bereiken, zullen zij eerst zelf moeten bereiken. Is iemand in harmonie met zichzelf, dan kan hij ook verder gaan en proberen met een groep in harmonie te leven.
Prachtig dat dit gaat gebeuren, hoewel de lezer denkt, ik zal het nog moeten zien!
En ik zeg, je gaat het zien.
Wacht maar af. Je zult ook zelf je handen uit de mouwen dienen te steken, anders kom je niet mee met de ontwikkeling die zich reeds heeft ingezet. Ik houd van mensen en ik vind het fijn dat die ontwikkeling zich nu definitief heeft ingezet. Een weg terug is er niet meer.

Rienk:
Ik vind het prachtig, dat ik de mensen mag helpen verder te komen op het pad van deze ontwikkeling. Aan ieder die het horen wil zeg ik, doe mee! Ben gemotiveerd en zie wat je met een positieve opstelling kunt bereiken. Ban het negatieve zoveel mogelijk uit. Positief wint het altijd van negatief. Dit is een wetmatigheid waaraan niet te tornen valt.

De Bron van alles dat is en dat zal zijn:
Ik had het in het begin van dit boek erover, dat ik de mensen oefeningen zou geven om beter met zichzelf in harmonie te komen. Ik heb reeds een oefening gegeven, dat was de oefening waarbij je je moet concentreren op één punt. Als je deze concentratie blijft vasthouden voel je de ontspanning komen, jouw ogen vallen dicht en je ervaart dan de harmonie van het universum en van jouw ziel.
Eerst heel even, later langer. Tevens ervaar je het doel waarvoor je op aarde bent. Hoe vaker je deze oefening doet, des te beter is dat voor jezelf. Maar zoals gezegd zijn er nog andere oefeningen, die je de nodige ontspanning brengen.
Eerst nog even het volgende.
Waarom heb ik het steeds over ontspanning?
In de huidige maatschappij heeft de mens erg veel stress en dus zou de mens moeten leren omgaan met stress. Velen denken dat omgaan met stress inhoudt, voorwaarden te scheppen om nog meer stress, dus spanning te kunnen verdragen.
Het tegengestelde is waar.
Als je goed wilt omgaan met stress, dan zul je regelmatig moeten ontstressen, dus ontspannen. Het beste is, dat je dat dagelijks een paar keer doet, het hoeft niet veel tijd te kosten. Maar doe het, het is goed voor lichaam en geest.

Als je je regelmatig ontspant kun je veel meer presteren, dan als je dat niet doet.
Ook voorkom je dat jouw lichaam ziek wordt van de spanning. Het lichaam heeft tijdig rust nodig. Hetzelfde geldt voor de geest.
Nu de oefening, Rienk, ik vind dat jij die mag geven dan zal ik daarbij nog wat vertellen.
Ga je gang.

Rienk:
Daar komt de oefening dan.
Ga op de grond liggen en denk dat er een lichtstroom door jouw lichaam gaat.
Te beginnen bij jouw voeten en die stroomt dan naar boven naar jouw kruin en als je dat hebt gedacht dan keer je die lichtstroom om. Nu begint hij bij jouw kruin en stroomt naar jouw voeten. Nu keer je die lichtstroom weer om en laat hem weer van jouw voeten naar jouw kruin stromen. Deze oefening herhaal je 10 keer.
En wat gaat er dan gebeuren, zul je denken. Nu dit zal de Bron van alles dat is en dat zal zijn je haarfijn gaan uitleggen.

De Bron van alles dat is en dat zal zijn:
Laat dat haarfijn maar weg, ik kan het zo ook wel vertellen.
Die lichtstraal, die je je voorstelt reinigt jouw lichaam op alle belangrijke energiepunten.
Het lichaam heeft zeven belangrijke energiepunten en dat zijn de volgende:
De eerste, de stuit, dit is het aardepunt van het lichaam. Om goed te kunnen functioneren zal het lichaam een goed contact met de aarde moeten hebben. Uiteindelijk bevind je je op aarde

en dus moet je goed geaard zijn. De energie zal dus goed moeten kunnen stromen van de aarde naar het lichaam en de geest en niet te vergeten terug.
Het tweede energiepunt, is die van het schaambeen of ook wel het seksuele energiepunt genoemd. Dit punt heb je nodig om de levensenergie door te geven, hetzij aan anderen door nieuwe geboortes te creëren, hetzij door uiting van harmonie te geven aan het andere geslacht. Men zegt dan, dat de pure liefde wordt ervaren. Deze ervaring is zeer belangrijk voor ieder mens. Hoe beter iemand de pure liefde voor een ander kan ervaren, hoe liefdevoller hij ook naar de medemens wordt.

Rienk:
U spreekt over een seksuele ervaring naar een ander geslacht, maar bij hetzelfde geslacht is zo'n ervaring toch ook mogelijk?

De Bron van alles dat is en dat zal zijn:
Ja, natuurlijk is dat zo, alleen worden er dan geen kinderen verwekt, vandaar dat ik jou die vraag liet stellen.

Rienk:
Ik begrijp het, ga verder met uw verhaal.

De Bron van alles dat is en dat zal zijn:
Nog even terug naar het seksuele energiepunt.
Dit energiepunt is voor velen een bron van problemen en dat komt, omdat de religies allerlei strenge regels hebben gesteld aan wat er allemaal niet en wel mag. Echter, wie zijn gevoelens volgt komt op iets heel anders uit. En wat is nu het beste om te doen? Jouw gevoelens volgen natuurlijk en dan heb ik het over jouw pure gevoelens, dus jouw inwendige ik. En die zal zeggen, als je

goed naar jezelf luistert, seks als uiting van liefde voor een ander nooit verkeerd is. Begrijp mij goed, ik heb het hier over uiting van liefde en niet over een lichamelijke seksuele behoefte. Die is er natuurlijk ook, die lichamelijke behoefte, maar die zou je juist moeten kunnen beheersen en dat is voor velen zeer moeilijk. Dat beheersen kan worden geleerd door je steeds te realiseren, dat liefde bij een seksuele relatie eigenlijk altijd een belangrijk onderdeel is. Je zult merken, dat een seksueel contact zonder liefde geen bevrediging geeft.
Hetzelfde geldt voor zelfbevrediging, hiervoor geldt dat dit een uiting is van liefde naar jezelf. Uiteraard speelt ook hier weer een lichamelijke behoefte een rol, maar als zelfbevrediging een uiting is van liefde naar jezelf, dan geeft het je pure bevrediging.

Rienk:
Dit lijkt mij een moeilijk onderwerp voor veel mensen. Juist omdat die seksuele behoeften van het lichaam zo moeilijk te beheersen zijn.

De Bron van alles dat is en dat zal zijn:
Dat weet ik maar al te goed en toch zeg ik, als de mensen zich laten leiden door liefde, dan wordt de seksuele behoefte beheersbaar voor hen. Het kan zelfs dat die behoefte geheel verdwijnt. Ik zeg, het kan zijn. Het hoeft dus niet zo te zijn, want die behoefte maakt onderdeel uit van de schepping.
De mens zal zich altijd blijven herscheppen in de vorm van het creëren van nieuw leven. En de mens zal altijd uiting willen geven aan zijn gevoelens van liefde voor een ander en daar heb je seks voor. Ik reken hiermee af met het verhaal dat seks slecht is voor de mens. Het tegendeel is waar, als het maar een uitdrukking is van liefde.

Tijdens een seksueel hoogtepunt als uiting van liefde voor elkaar krijgen lichaam en geest de kans zich volledig te ontspannen. Dit werkt weldadig uit voor lichaam en geest.
En nu nog en belangrijk punt.
Het aantal keren dat een stel aan seks doet is niet aan regels gebonden, dus ieder is vrij daarin. Ik vind zelfs, dat het iets is dat iedereen voor zichzelf moet uitmaken.
Ook het feit dat er seks wordt bedreven alleen maar uit een lichamelijke behoefte, is iets dat ik niet afkeur, omdat ik weet dat op weg naar het leren dat seks een uiting is van liefde, je eerst seks uit behoefte tegenkomt. Zodra je leert wat seks uit liefde inhoudt, zul je in staat zijn seks uit behoefte te beheersen.

Rienk:
Dit was een moeilijk onderwerp.
Ik hoop dat de lezers uw uitleg hebben begrepen.

De Bron van alles dat is en dat zal zijn:
Zeker, dit onderwerp is nogal beladen.
Bedenk, dat wat mij betreft iedereen zijn gevoel volgt. Dan kom je het beste uit.
Uiteindelijk zal iedereen ervaren wat seks uit liefde betekent. Maar dat zal nog wel even duren. Tot dan zal de mens seks als een probleem blijven zien, terwijl het geen probleem is, nooit is geweest. Het is maar hoe je ermee omgaat.
Hoe opener des te beter het is. Bloot is niet vies, bloot is mooi.

Rienk:
Nu komen we toe aan het derde energiepunt en dat is de zonnevlecht, ook wel plexus solaris genoemd. Dit punt bevindt zich ter hoogte van de navel. Dit is voor de mens een erg belangrijk

punt, omdat hier zowel energie wordt opgenomen als energie wordt uitgestraald. Als iemand een slechte lichamelijke en geestelijke conditie heeft, zal hij geneigd zijn energie op te nemen van andere mensen en dat gebeurt dan via de zonnevlecht. Ook nemen mensen energie van anderen op, als zij teveel van zichzelf vergen. Iemand met zo'n persoon in zijn omgeving zegt: hè, wat is die persoon toch vermoeiend. Dat is logisch, want die persoon neemt energie weg bij degene die hem als vermoeiend ervaart. Daarom is het belangrijk, dat iedereen zich bewust is van het feit dat hij voldoende rust neemt.

Overigens het weggeven van energie kan worden tegengegaan door je af te sluiten.

Voldoende is te denken, dat je geen energie wilt verliezen.

Vooral mensen die makkelijk energie verliezen, en dat zijn positief ingestelde mensen, dienen voorzichtig te zijn met het teveel laten onttrekken van energie.

Gebeurt dit, dan gaan ze zich vermoeid voelen, maar weten niet wat de oorzaak is.

Negatief ingestelde mensen onttrekken veel energie aan anderen.

Die negatieve instelling zorgt dan voor de onttrekking van energie aan de ander.

Het is een wetmatigheid dat negativiteit energie kost. Positiviteit levert energie op.

Positieve mensen kunnen veel energie aan anderen geven, voordat zij daar iets van gaan merken. Voor een groot deel wordt de weggegeven energie direct aangevuld.

Het kan voorkomen dat er teveel energie-onttrekkers zijn. Dan ontstaat er vermoeidheid of zelfs hoofdpijn, omdat de energie niet zo snel kan worden aangevuld.

Vandaar dat die positieve persoon zich dan het beste kan afsluiten.

De Bron van alles dat is en dat zal zijn:
Rienk, dat heb je allemaal duidelijk verteld, ik zou het niet beter kunnen doen.

Het navelpunt, zoals ik de zonnevlecht ook kan noemen is het oer-energiepunt van de mens. Hier liep immers voor de geboorte de navelstreng die de energietoevoer van de moeder naar het kind verzorgde. Dit punt blijft dus het hele leven van de mens een belangrijk energiepunt met de mogelijkheid van tweerichtingsverkeer.

Rienk:
Mag ik doorgaan met het vierde punt en dat is het energiepunt van het hart.

De Bron van alles dat is en dat zal zijn:
Ja, ga door met het hart-energiepunt. Ik vul wel aan als dat nodig mocht zijn.

Rienk:
Het hart is de bron van het leven van de mens. In het hart zit alles opgesloten wat de mens is, hoe hij zich naar buiten en binnen manifesteert. Je zou denken dat dit opgesloten zou zitten in het hoofd, maar dat is niet zo. In het hoofd zit het denkvermogen gekoppeld aan het bewegingsvermogen en de stofwisselingssturing.
Bewegingsvermogen, is een term die niet voor iedereen duidelijk zal zijn. Het houdt in, de sturing van de bewegingsorganen, zoals de ledematen en darmen voor ontlasten, eten, slikken enzovoorts. En het houdt het lichaam in tact, door te zorgen dat het blijft ademhalen, reageren op invloeden van buitenaf, zonder

dat het denkvermogen daarvoor nodig is. In het kader van dit boek laat ik het bij deze korte uitleg.
Ik ga weer terug naar het hart.
Het hart is niet alleen een pomp, maar tevens de persoonlijkheid van de mens. Straalt iemand veel liefde uit, dan gaat dat dus via het energiepunt van het hart.
Hart staat dus voor liefde en energie. Je zou ook kunnen zeggen de energie van de liefde. Deze energie wordt door zijn positiviteit door iedereen waargenomen, zelfs door de negatiefst ingestelde mensen. Mensen die veel liefde uitstralen, kunnen daardoor veel tot stand brengen. De energie van het hart is dus een positieve energie.
Is iemand negatief ingesteld, dan werkt het energiepunt van het hart niet volledig.
Stel dat die persoon de zelfkennis krijgt om dit bij hemzelf waar te nemen, dan is die waarneming al voldoende om hierin in positieve zin verandering aan te brengen.
Daarom is het verkrijgen van inzicht in jezelf zo belangrijk.

De Bron van alles dat is en dat zal zijn:
Ik heb het gehad over de positieve verandering, die de komende jaren gaat optreden, dat komt nu doordat de mensen meer inzicht in zichzelf krijgen en daardoor hun hart-energiepunt positief beïnvloeden. Misschien is het aardig om te zeggen, door deze gebeurtenis zal het aantal en de ernst van de hartkwalen verminderen. Het hart krijgt namelijk de ruimte zijn energie in de vorm van liefde uit te stralen en dat is weldadig voor de mens.

Rienk:
Ik neem aan dat ik verder kan gaan met het vijfde energiepunt, de keel.

De Bron van alles dat is en dat zal zijn:
Ja, ga verder. Via de keel wordt de spraak van de mens gevormd, dus hierover is ook het een en ander te vertellen.

Rienk:
Het energiepunt van de keel is nu zeker erg van belang, omdat de mens de mogelijkheid heeft om door middel van stemgeluid met de ander te communiceren.
Het is de bedoeling voor de mens, dat hij aan de ander door middel van stemgeluid duidelijk maakt wat zijn wensen en behoeftes zijn. Alleen op dit moment gebruiken veel mensen hun stem verkeerd, met andere woorden, zij zeggen andere dingen dan de dingen die zij denken en voelen. Daardoor krijgt de ander een verkeerde indruk van zijn werkelijke wensen en behoeften. Kortom, spreek altijd de waarheid en geef eerlijke antwoorden op vragen die je worden gesteld. Vooral in de politiek wordt de stem verkeerd gebruikt. Men probeert daar door middel van de stem, de ander op het verkeerde been te zetten. Dit gaat in de naaste toekomst moeilijker worden, omdat de mensen hun zesde energiepunt beter gaan ontwikkelen en daardoor gaan inzien, dat zij worden misleid.
Eerst wil ik nog even terug naar het energiepunt van de keel.
Het altijd de waarheid spreken wordt in de toekomst belangrijker, maar de stem kan ook worden gebruikt om op te komen voor de eigen positie. Maak duidelijk aan de medemensen, dat jij de medemensen met respect behandelt en dat jij omgekeerd van hen ook verwacht, dat je met respect behandeld wordt.
Nu is het begrip respect niet voor iedereen even duidelijk. Het houdt in feite in, dat je de ander op die manier behandelt zoals jezelf ook graag behandeld zou worden. En het is zeker niet zo, dat je alles wat tegen je wordt gezegd voor waar moet aannemen.

Het is zaak kritisch te blijven. Als jij eerlijk bent zal de ander geneigd zijn ook eerlijk te zijn. Dus een verandering die je wil bereiken begint altijd bij jezelf.

De Bron van alles dat is en dat zal zijn:
Rienk, je bent zeer duidelijk geweest. Nu hoop ik dat de lezers het ook goed begrijpen.
Wie met respect wil worden behandeld zal de ander ook met respect moeten behandelen.
Ga verder met het zesde energiepunt.

Rienk:
Het zesde energiepunt is een punt dat zich bevindt in het voorhoofd in het midden boven de ogen. Dit punt geeft de mens inzicht in de gevoelens van de ander.
Met dit energiepunt kan de mens de gevoelens van de ander opvangen.
Je zou het kunnen vergelijken met een antenne.
Op dit moment is bij de meeste mensen dit energiepunt nog niet zover ontwikkeld.
Het opvangen van gevoelens van de ander is vaak vaag. Gaat de mens zijn inzicht vergroten, dan wordt hij vanzelf gevoeliger. In de eerste plaats kan hij de gevoelens van de ander beter inschatten via dit energiepunt. Uiteindelijk zal hij de gedachten van de ander kunnen waarnemen. De ander wordt dan een open boek voor hem. Het wordt van belang, dat de ander zijn gedachten goed op orde heeft.
Via dit energiepunt wordt uiteindelijk communicatie met de ander mogelijk.
Er zijn al mensen, die dit kunnen en in de verre toekomst zal iedereen op aarde dit weer kunnen. Want heel lang geleden, toen

de mens nog in harmonie met zichzelf leefde kon hij de gedachten van de ander lezen en met de ander via zijn gedachten communiceren.
Spreken wordt dan een minder belangrijk communicatiemiddel, al lijkt dat nu nog iets dat onmogelijk is.

De Bron van alles dat is en dat zal zijn:
Ik kan alleen maar bevestigen wat je hebt gezegd Rienk.
Nogmaals voor alle duidelijkheid, als de mens volledig in harmonie met zichzelf en met zijn omgeving leeft, dan kan hij de gedachten van de ander waarnemen via het zesde energiepunt. En hij kan met de ander via dit energiepunt communiceren. Dit laatste kan dan ongeacht de afstand waarop personen zich van elkaar bevinden.
Dieren communiceren zo al met elkaar.

Rienk:
Kan ik doorgaan met het laatste, zevende energiepunt?

De Bron van alles dat is en dat zal zijn:
Ja, dat kan. Dit is een energiepunt dat de mens in contact brengt met de hoogste positieve krachten in het universum. In feite wordt de mens in contact gebracht met mij, de Bron van alles dat is en dat zal zijn. Zolang de mens op aarde is, ben ik via dit punt in contact met hem. Alleen de mens luistert niet zo goed naar de informatie, die hij via dit energiepunt krijgt.
Als de mens zich voor mij openstelt, dan neemt hij mij waar via dit energiepunt. Hij voelt via dit energiepunt, dat ik er ben. Ik ben er altijd en eeuwig. Je hoeft alleen maar naar mij te luisteren. Onthoud, dat alles tezamen vormt de Bron van alles dat is en dat zal zijn.

Dus de mens is een onderdeel van mij, maar dat beseft hij nog niet voldoende.
Komt de mens tot dit inzicht, dan wordt hij mijn aanwezigheid gewaar en dan kan ik mij manifesteren via hem. Hij heeft mij dan gevonden in zichzelf en laat mij dan naar buiten komen door hem. Als dit is gebeurd, dan is de mens weer tot mij gekomen en zijn wij weer één zoals het de bedoeling is. De mens heeft na een lange zoektocht mij weer teruggevonden in zichzelf.
Als dit gebeurt dan doet dit mij zeer veel vreugde.
Niemand uitgezonderd, vroeg of laat kom je weer bij mij terug en ga je mij begrijpen, want ik ben er altijd geweest en zal er altijd zijn. Je kunt gewoon niet bij mij weglopen, want wij maken onderdeel van elkaar uit.
Als de mens dit gaat begrijpen, dan gaat er een wereld voor hem open, dan zal hij gaan inzien, dat alles transparant is en niets maar dan ook niets in de verborgenheid blijft.
Vandaar, dat de mens gaat leren dat zijn optreden naar hemzelf en naar anderen moet zijn vervuld van eerlijkheid, waarheid en betrouwbaarheid. Als hij zo gaat handelen dan komt hij in harmonie met zichzelf en gaat hij de vreugde van het leven kennen.
Hij geeft dan zichzelf en de ander de kans zich maximaal te ontplooien. Ik verheug mij erop dat dit gaat gebeuren. Deze vreugde maakt, dat ik voor mijn beurt heb gesproken Rienk, want jij zou dit energiepunt behandelen.

Rienk:
Ja, ik heb er weinig aan toe te voegen, hoewel ik het gevoel van vreugde met u deel.
En ja, ik kan mij voorstellen, dat u stond te popelen om de lezer deze vreugdevolle mededeling te doen. Wij horen allemaal bij elkaar en dat is iets dat vaststaat.

Zoek de Bron van alles dat is en dat zal zijn daarom in jezelf en er gaat een wereld voor je open. Het leven op aarde wordt dan pas echt leuk, omdat je alles beter gaat begrijpen.
Je begrijpt, dat je op aarde bent om meer inzicht te krijgen. Heb je dat inzicht, gebruik dat dan om anderen verder te helpen. Er is geen grotere voldoening dan te voelen dat je een ander hebt geholpen verder bij zichzelf te komen, zodat hij de kans krijgt in te zien dat het goddelijke van binnenuit komt en dus voor het grijpen ligt.
Het was een uitgebreide uitleg van de zeven energiepunten die van invloed zijn op het functioneren van de mens. Deze energiepunten staan weer in verbinding met de energielijnen die over het menselijk lichaam lopen. In het kader van deze oefening gaan we niet verder met de uitleg dan de energiepunten, omdat het vooral een eenvoudige oefening moet blijven.

Doe deze reinigingsoefening twee keer per dag en je zult merken dat je je een stuk beter gaat voelen. Voor alle duidelijkheid, laat het licht tien keer door die energiepunten stromen en begin bij de voeten, ga naar het laagste punt de stuit, dan via de volgende energiepunten naar het hoogste punt de kruin, en daarna weer terug via de energiepunten die daarop volgen naar de voeten.
Meer dan tien keer herhalen van deze oefening is niet nodig, omdat je dan al het maximale effect van de reiniging van die energiepunten haalt.

Rienk:
Ik zou graag van u willen weten of wij nog meer oefeningen zullen bespreken of dat wij het hierbij laten.

De Bron van alles dat is en dat zal zijn:
Ik wil nog wel een tweetal oefeningen geven, die het contact met mij kunnen verbeteren.
Wat is namelijk het geval? De meeste mensen wenden zich in groten getale af van de religies. Zoals eerder gezegd is bidden een zeer goede oefening om met mij in contact te komen. Alleen hoe kan er het beste gebeden worden?
In het voorgaande is er al gezegd, dat een gebed vrij dient te zijn van materialisme en hebzucht. Het gaat om de geestelijke waarde van iets. Je kunt bijvoorbeeld bidden voor een ander met de wens dat het hem beter gaat. Het gaat dan met name om zijn welzijn. Zo'n gebed is in een oogwenk uitgesproken en verhoord.
Wens je met jouw hele wezen een ander al het goede toe, dan helpt dat gebed. Als je met een groep mensen voor een ander bidt, dan heeft dat gebed nog meer kracht.
Ook mag je voor jouw eigen welzijn bidden. Als je dit oprecht doet en je denkt erbij dat je hierdoor ook voor anderen beter kunt functioneren, dan helpt zo'n gebed.
Uiteindelijk heb je in dit leven evenveel met jezelf als met anderen te maken.
Dit was dus het gebed.

Nu de andere oefening. Dit is een oefening om jouw bewustzijn te vergroten. Het gaat erom vast te houden wat je op een dag allemaal hebt gedaan en probeer dan te bepalen welke invloed anderen op jouw gedrag hebben gehad en wat voor invloed heb jij op hun gedrag gehad.
Eigenlijk zou je, voordat je iets doet, je bewust moeten zijn welk doel je wilt bereiken en dan proberen daarnaar te handelen. Echter, als je dit niet echt bewust doet, is de toetsing achteraf iets

om mee te beginnen. Als je iets hebt ondernomen, bijvoorbeeld je hebt boodschappen gedaan of je bent in onderhandeling met iemand geweest, of je hebt een vergadering gehad. Probeer achteraf vast te stellen wat jouw positie was.
Wat heeft je geïrriteerd?
Wat vond je leuk?
Waarom mocht je die ander?
Of waarom mocht je die ander niet?
Als je iemand mocht, wat vond je dan leuk aan die persoon en waarom?
Als je hem niet mocht, wat vond je dan vervelend. Is die eigenschap soms ook een vervelende eigenschap van jezelf?
Probeer een zo goed mogelijke analyse te maken van jezelf en de ander. Hierdoor neemt jouw bewustzijn toe. Je gaat jezelf beter leren kennen. Je komt er zelfs toe de ander met welwillendheid tegemoet te treden. Bedenk steeds. Niemand is aan elkaar gelijk. Iedereen is uniek. Stel jezelf nooit onwrikbaar op. Iedereen heeft wel iets positiefs. Probeer dat bij de ander te zien. Hoe vaker je dit oefent hoe beter dit gaat.
Deze bewustzijnsoefening zou eigenlijk een vast onderdeel van jouw handelen moeten worden. Dan ben je goed bezig. Als je deze oefening gaat doen, zul je merken dat je veel bewuster gaat leven. Je gaat merken, dat je ook makkelijker wordt in de omgang met anderen. Je gaat inzien, dat je zelf nog veel hebt te leren en dat anderen dat ook nog moeten. Dit stemt je veel milder. Je bewijst jezelf een dienst door zo te gaan handelen. Ik hoop dat je eraan begint.

Rienk:
Ik hoop dat met u.
Hoe meer mensen dat voorbeeld volgen des te sneller zij bewust gaan leven.

De Bron van alles dat is en dat zal zijn:
Als je bewuster gaat leven kun je mij ook beter begrijpen. Het bewuster leven is het begin van het krijgen van inzicht. Hoe groter het inzicht van jou wordt, hoe beter je mij gaat begrijpen en dan accepteert dat jij een onderdeel van mij bent en dat alles tezamen de Bron van alles dat is en dat zal zijn, vormt. Nu, altijd en eeuwig.

Rienk en ik hameren hier zo op, omdat dit inzicht jullie zoveel verder kan brengen in het begrip van jullie bestaan hier op aarde. Jullie gaan dan inzien dat jullie daadwerkelijk invloed hebben op jullie eigen bestaan hier op aarde. Jullie gaan je eigen lot bepalen en dan in positieve zin. Het bestaan van jullie op aarde wordt dan veel leuker en niet alleen dat. Jullie voelen je gelukkiger en stralen dat uit. En dit vormt dan die sneeuwbalwerking waar ik het reeds over heb gehad. Het geluk verspreidt zich sneller en sneller over de aarde.

Wij hebben het al over zeer veel onderwerpen gehad.
Het belangrijkste waar het over ging, was het begrijpen wat het leven op aarde voor jou heeft te betekenen. Ga je dat met jouw hele wezen begrijpen, dan ga je mij als de Bron van alles dat is en dat zal zijn weer terugvinden. Jij en ik gaan dan samen op weg en beginnen te werken aan een veel vreugdevoller bestaan op aarde.

Wij laten het hierbij, omdat alles wat in het voorgaande is gezegd, eerst goed door jullie, de lezers, moet worden begrepen. Pas de oefeningen dagelijks toe en merk dat er in jouw leven wat gaat veranderen. Draag uit wat je hebt ervaren aan jouw medemensen. Je zult voelen tegen wie je wel en tegen wie je niets kunt

zeggen. Als je weer met iemand over jouw ervaringen kunt praten, zul je merken hoeveel vreugde het je geeft dat te kunnen doen. De ander zal met vreugde jouw verhaal aanhoren.
Hij gaat het ook weer verder vertellen en zo komen we verder met de verspreiding van dit positieve bericht.

Rienk:
Wij beëindigen nu dit boek.
Er zijn nog zeer veel vragen onbeantwoord gebleven, dat weten wij.
Eerst zal de tekst van dit boek door zoveel mogelijk mensen moeten worden geaccepteerd en begrepen, voordat weer verdergegaan kan worden met de uitleg van nieuwe onderwerpen.
Het leven op aarde gaat dus een positieve wending maken, echter dit proces is al aan de gang. Wij hopen, dat dit proces sneller en sneller gaat, want bedenk, positiviteit wint het altijd van negativiteit.

De Bron van alles dat is en dat zal zijn:
Dit is een wetmatigheid die onontkoombaar is.
Wij houden contact nu, altijd, eeuwig.
Liefde overwint alles, zelfs problemen die onoverkomelijk lijken.
Ik ben er altijd, nu en eeuwig om jullie die liefde te geven. Draag die liefde uit naar jullie medemensen.
Zo gaat alles beter op aarde en wordt het hier aangenamer voor jullie.

Het was een genoegen voor mij om mee te werken aan dit boek.
Houdt mij in gedachten, altijd, eeuwig!

Opmaak: Wypkje de Vries
Omslagontwerp: Marcel Kersten